日本語文法演習

話し手の気持ちを表す表現

−モダリティ・終助詞−

三枝令子
中西久実子
✤著

スリーエーネットワーク

© 2003 by SAEGUSA Reiko and NAKANISHI Kumiko

All rights reserved. No part of this publication may be reproduced, stored in a retrieval system, or transmitted in any form or by any means, electronic, mechanical, photocopying, recording, or otherwise, without the prior written permission of the Publisher.

Published by 3A Corporation.
Trusty Kojimachi Bldg., 2F, 4, Kojimachi 3-Chome, Chiyoda-ku, Tokyo 102-0083, Japan

ISBN978-4-88319-281-6 C0081

First published 2003
Printed in Japan

はじめに

　このシリーズは、上級レベルの日本語を適切に産出するために、文法をわかりやすく整理説明し使い方の練習をするものです。

　日本語の基本的な構造に深くかかわる文法項目（自動詞・他動詞、敬語、条件表現、時間の表現、指示詞、文末表現、助詞など）については、初級段階で一通り学びますが、中上級に至っても学習者から「使い方がよくわからない」という声がしばしば聞かれます。中上級では、これまで表現文型を指導するための努力が多く積み重ねられ教材も整ってきましたが、文の構造に関わる文法項目については学習者の習得にゆだねられてきたような面があります。上級においてもそのレベルに応じた文法が必要です。それらを実例の文脈の中で積極的に学習し現場で使える教材を提供していきたいと考えています。

　学習者はもとより指導する立場の方々にも、文法は学習目標というより「便利な道具」であることをお伝えできれば幸いです。

　本書は、上記文法項目のうち、文末で話し手の気持ちを表す、モダリティ・終助詞を扱っています。例えば、

- 子どもがピアノを弾くのを聴きながら「前より上手になったようだ」と言えるが、「前より上手になったらしい」とは言えない。それはどうしてか。
- 外国人が日本人の家に招かれて「この料理おいしいですよ」と言うと失礼な印象を与える。それはどうしてか。

このようなことについても見ていきます。

　なお、日本語学では、通常、終助詞をモダリティに含めて考えますが、この本ではモダリティと終助詞を分けて扱いました。また、「のだ」「わけだ」は、モダリティとして扱われることが多いのですが、この本では取り上げていません。このシリーズの『談話』（仮題）巻（近刊）を参照してください。

　本書では、内容が「腑に落ちる」ように、文法規則を最初に示すのではなく、使う人もルールを導きながら考えるという手法をとっています。まず、用例から問題の所在を意識し、次に文法のルールを導き、さらにルールを確認しながら具体的な用例を見ていきます。最後に実際に使われている文に則して練習をします。

　本書は、2001年から作成し、一橋大学留学生センターで使用してきたものです。多くのコメントを下さった留学生のみなさんに感謝いたします。また、編集の立場から佐野智子さんに丁寧に原稿を見ていただきました。ここにお礼を申し上げます。

2003年7月　著者

この本を使う方へ

Ⅰ．目的

a．上級学習者の方へ

　本書では、日本語学習の中で日々遭遇する問題点を中心に重要なポイントを提示し、どんなときにどんなモダリティ・終助詞を使えばいいのか、また、各形式をどう使い分ければいいのかがわかるようなルールを示しています。文体に関する情報も取り入れていますので、日常会話で使う形式から論文やレポートを書くときに使う形式まで広く学習することができます。

b．日本語を教える先生方へ

　モダリティ・終助詞は話し手の気持ちや判断を表すものであるため、その使い分けには、場面や人間関係などの条件が作用しています。本書では、これらの条件が学習者によりよく理解されるように、できるだけ多くの場面や様々な文体の例を取り上げました。こうした試みに対し、本書を使用された先生からご意見をいただければ幸いです。

c．日本語教師養成課程で学ぶ方へ

　本書では、日本語を教える人が知っていると役に立つ簡便で体系的な文法のルールを学ぶことができます。一般の文法書との違いは、問題を解きながら自ら文法のルールが発見できる点です。

Ⅱ．構成

a．ウォームアップ

　今までの学習でなんとなく知っていることについて、それが確かなものかどうか考え、より適切な使い方ができるようになりたいという動機を促す部分です。

b．本文

・「問」→「ルール」→「練習」という流れで進んでいきます。
・「問」に答えながら、どのようなルールがあるのかを考えます。ここで引き出したルールを☐内で整理します。そのルールを使って、「練習」をします。

c．総合練習

　まず、本書で扱った形式を短文で再確認してから、生の長い文章の練習に入ります。論説文、物語文、会話、漫画などさまざまなタイプのテキストを通して、場面に応じたモダリティ・終助詞が適切に選択できるようになるための運用力の向上を目指します。

d．総合演習

　モダリティ・終助詞についての総合的な知識がついているかを確認する問題です。

e．ちょっと一息

　本文の内容を補足します。より知識を得たい人、日本語研究に関心がある人は読んでください。

Ⅲ．使い方

a．一般的な使い方は、

　　ウォームアップ → 本文 → 総合練習 → 総合演習

b．余力のある人は、

　　ウォームアップ → 本文 → 総合練習 → 総合演習 → ちょっと一息

c．日本語教育に携わる人は、

　　ウォームアップ → 本文 → 総合練習 → 総合演習 → ちょっと一息

Ⅳ．学習時間のめやす

50分授業：前半部分（モダリティ）　20回前後
　　　　　後半部分（終助詞）　　　10回前後
90分授業：前半部分（モダリティ）　10回前後
　　　　　後半部分（終助詞）　　　 5回前後

目　　次

はじめに……………………………………………………………………………… iii
この本を使う方へ…………………………………………………………………… iv

Ⅰ　モダリティ

ウォームアップ……………………………………………………………………… 2

1．断定を避ける
　⑴　「と思う」「と考える」「と思われる」………………………………………… 4
　⑵　「Aないことはない」…………………………………………………………… 6
　⑶　「AことはA」…………………………………………………………………… 7
　⑷　「わけではない」「とはかぎらない」………………………………………… 7

2．否定
　⑴　「のではない」………………………………………………………………… 10
　⑵　「わけではない」……………………………………………………………… 10
　⑶　「のではない」と「わけではない」………………………………………… 11

3．想像して述べる
　⑴　「だろう（う・よう）」「まい」「のだろう」………………………………… 12
　⑵　「だろうか」「のだろうか」…………………………………………………… 14
　⑶　「かもしれない」「恐れがある」「かねない」……………………………… 16
　⑷　「はずだ」……………………………………………………………………… 17
　⑸　「にちがいない」「に決まっている」………………………………………… 20

4．様子を述べる……………………………………………………………………… 22
　（「ようだ（みたいだ）」「らしい」「だろう」「そうだ」）

5．意志
　⑴　動詞の辞書形・マス形による意志………………………………………… 25
　⑵　「う・よう」と「つもりだ」………………………………………………… 25

6．義務・必要
　⑴　「べきだ」……………………………………………………………………… 28
　⑵　「ものではない」と「ことはない」………………………………………… 31
　⑶　「なければならない」「ざるをえない」「ずにはいられない」…………… 32

7．可能・不可能
　⑴　「ようがない」………………………………………………………………… 34

(2)　「かねる」……………………………………………………………34
　　(3)　「わけに（は）いかない」……………………………………………35
　　(4)　その他の可能を表す表現………………………………………………36
8．総合練習……………………………………………………………………39

Ⅱ　終助詞
ウォームアップ…………………………………………………………………44
1．一般的な終助詞の意味と機能
　　(1)　「ね」…………………………………………………………………46
　　(2)　「よ」…………………………………………………………………48
　　(3)　「だろ／でしょ」……………………………………………………51
　　(4)　「じゃない」…………………………………………………………54
2．周辺的な終助詞の意味と機能
　　(1)　「って」………………………………………………………………62
　　(2)　「っけ」………………………………………………………………63
　　(3)　「な／なあ」と「わ」………………………………………………64
　　(4)　「だ」…………………………………………………………………66
　　(5)　否定形の同意要求……………………………………………………67
　　(6)　「か」…………………………………………………………………68
3．総合練習……………………………………………………………………71

　ちょっとひと息
　　①　「かねない」「かねる」「かねている」「たまりかねて」……………21
　　②　「ようだ」……………………………………………………………24
　　③　「つもり」……………………………………………………………27
　　④　「なくてもいい」「までもない」……………………………………33
　　⑤　「にくい」「づらい」「がたい」………………………………………38
　　⑥　「も」の効果 …………………………………………………………38
　　⑦　強い否定になる二重否定……………………………………………43
　　⑧　命令形＋「よ」………………………………………………………61
　　⑨　終助詞の結びつき(1)「よな」………………………………………70
　　⑩　終助詞の結びつき(2)「わね、わよ」………………………………76
　　⑪　疑問を表さない「か」………………………………………………76

総合演習……………………………………………………………………………77
参考文献……………………………………………………………………………83

日本語文法演習
話し手の気持ちを表す表現
－モダリティ・終助詞－

I　モダリティ

ウォームアップ

A．1〜7の文は下のa、bのどちらを表すか考えてください。
　　a．事実
　　b．事実＋ 話し手の気持ち／主観的な判断

1．7時発の新大阪行きの新幹線は予定通り出発した。（　　）
2．明日は雨が降るだろう。（　　）
3．子どもたちは、今、公園で遊んでいる。（　　）
4．この赤ちゃんはおなかがすいているようだ。（　　）
5．今日は8時までに学校に行かなければならない。（　　）
6．明日は7時に起きよう。（　　）
7．あの山はこの山より100メートル高い。（　　）

> モダリティは話し手の気持ちや主観的な判断を事実に加えて表す。

B．下線部に話し手の気持ちや主観的な判断が含まれていますか。含まれている場合は○を、含まれていない場合は×を書いてください。

1．母：ケーキ、食べる？
　　子：<u>食べる、食べる</u>。（　　）
2．兄はタバコを1日20本<u>吸う</u>。（　　）
3．ちょっと待ってください。私もみんなといっしょに<u>行きます</u>。（　　）
4．このバスも駅に<u>行きます</u>。（　　）
5．許してください。もう二度とこんなことは<u>しません</u>。（　　）

> モダリティをつけなくても話し手の気持ちや主観的判断が表せることがある。

C．次の①～④の文はすべて「今日のパーティに行く」という同じ事実を表しています。各文でモダリティを使い分けることによって、話し手のどんな気持ちや主観的な判断が加えられていますか。

A：今日のパーティにはいらっしゃいますか。
B：①行かなければならないんです。
　②行くつもりです。
　③行くことは行きます。
　④行けると思います。

① [　　　　　　　　　　　　　　　　　　　　　　　　]
② [　　　　　　　　　　　　　　　　　　　　　　　　]
③ [　　　　　　　　　　　　　　　　　　　　　　　　]
④ [　　　　　　　　　　　　　　　　　　　　　　　　]

> モダリティを上手に利用すれば、同じ事実を表すのにも微妙な気持ちや判断を表現することができる。事実の背景にある状況や気持ちの強弱などを自動的に聞き手に想像させることができる。

> モダリティには以下のようなものがある。
> 1．断定を避ける（と思う、と思われる…）
> 2．否定（のではない、わけではない）
> 3．想像して述べる（だろう…）
> 4．様子を述べる（ようだ、らしい…）
> 5．意志（う・よう、つもりだ…）
> 6．義務・必要（べきだ、なければならない…）
> 7．可能・不可能（ようがない、わけに（は）いかない…）

1. 断定を避ける

(1)「と思う」「と考える」「と思われる」

● 「と思う」と「と思っている」……………………………………………………

問1 どちらが適切ですか。
1. A：どちらが正しいですか。
   B：こちらだと｛思います・思っています｝。
2. 指導教官にずっと疑問に｛思った・思っていた｝ことを聞いてみた。
3. 彼らは自分たちは他の人より才能があると｛思う・思っている｝。
4. ねえ、見て。このカバン、誰からもらったと｛思う・思っている｝？

> 「と思う／と思った」：話し手の個人的な考え、その場での判断。
> 「と思っている」：話し手が継続して持っている判断。あるいは第三者の判断を表す。

練習1-1 どちらが適切ですか。
1. 彼は早く結婚したいと｛思う・思っている｝。
2. ねえ、この写真の人、どこの国の人だと｛思う・思っている｝？
3. 昨日頭が痛いと言っていたから、彼は今日来ないと｛思う・思っている｝。
4. 警察は犯人が田中さんだと｛思う・思っている｝。
5. 私はあなたを自分の妹のように｛思う・思っている｝。

練習1-2 次の文で「思う」の主語は誰ですか。
1. 田中さんは書類を出したと思う。　　　　　　　｛私・田中さん・両方｝
2. 田中さんは書類を出したと思っている。　　　　｛私・田中さん・両方｝
3. 田中さんは魚が嫌いだから、食べないと思った。｛私・田中さん・両方｝

I モダリティ

● 「と思う」と「と考える」

問2 どちらが適切ですか。
1. 本委員会は税制改正を早急に議論すべき問題と｛思う・考える｝。
2. 今、私が関心を持っていることについて書いてみたいと｛思います・考えます｝。

> 「と思う」：話しことば的で、情緒的・直感的
> 「と考える」：書きことば的で、論理的・分析的

練習2 どちらが適切ですか。
1. この理論では消費者は同じ品質なら安いものを買いたがると｛思う・考える｝。
2. 彼女はパーティーに来ないと｛思う・考える｝。
3. 日本の電機業界は、今、新たな基本ソフトの開発が必要であると｛思っている・考えている｝。

● 「と思う」と「と思われる」

問3 aとbはどう違いますか。
a．公害患者の多くが、裁判の継続ではなく和解を望んだのは、偶然ではないと思われる。
b．公害患者の多くが、裁判の継続ではなく和解を望んだのは、偶然ではないと思う。
★aとbの違い
　aは受身形｛である・ではない｝ため、｛主観的・客観的｝な印象を与える。

> 「（～には）と思われる」は、「（～は）と思う」に比べて、主体の関わりが｛積極的・消極的｝である。そのため、「と思われる」のほうが「と思う」より｛主観的・客観的｝な印象を与えるので、｛話しことば・書きことば｝でよく用いられる。

5

練習3　「と思う」「と思われる」のどちらが適切ですか。
1．私が日本に来て気づいた点をいくつか挙げてみたい（　　　　　）。
2．すでに述べたように、国家の法に対する考え方の違いを知る上で、憲法の比較は欠かせない作業だ（　　　　　）。
3．天気がいい日には、子どもは外で遊んだほうがいい（　　　　　）。
4．現代の国際社会において、アメリカが圧倒的な影響力を持っているのは、次のような理由による（　　　　　）。まず第一に、ソビエトの崩壊があげられる。

(2)「Aないことはない」

問4　aとbの違いを考えてください。
a．A：林さんの部屋から富士山が見えますか。
　　B：ええ、<u>見えますよ</u>。
b．A：林さんの部屋から富士山が見えますか。
　　B：<u>見えないことはない</u>ですよ。でも、天気が良い日だけですね、はっきり見えるのは。

❖「Aないことはない」
(1)「Aない」に近いが、「完全にAない」とは言いきれない。
(2) 完全な否定を避けるときにも使える。
(3) なぜはっきり言いきれないかという説明を一緒に言うことが多い。

練習4　次の会話を完成させてください。
1．A：推薦状を書いていただけますでしょうか。
　　B：書けないことはないです。でも_____。
2．A：その温泉までバスで行けますか。
　　B：行けないことはないですが、_____。
3．A：この映画はどうでしたか。
　　B：おもしろくないことはないですが、_____。

(3)「AことはA」

問5 下のアイウから適切なものを選んでください。

1．部下：明日N社で新製品のプレゼンテーションをするんですよ。部長も来てくださいますよね。

　　上司：ああ、＿＿＿＿＿＿＿＿よ。でも僕は見るだけだよ。意見は言わないよ。

2．部下：明日N社で新製品のプレゼンテーションをするんですよ。部長も来てくださいませんか。

　　上司：ああ、＿＿＿＿＿＿＿＿よ。あの製品の開発には私も関わったからね。

3．A：明日の飲み会、キムさんも行くよね。

　　B：＿＿＿＿＿＿＿＿んだけど…。今医者に止められていて、お酒が飲めないんだ。

> ア．行く
> イ．行くことは行く
> ウ．行けないことはない

> 「AことはA」：おおまかに言えばAだが、厳密に言うとAとは言えない。
>   Aには動詞の辞書形・タ形、イ形容詞、ナ形容詞が入る。
> 「Aないことはない」：どちらかと言えば、「Aない」に近い。

練習5 次の文を完成させてください。

1．今日は大学に行くことは行ったが、＿＿＿＿＿＿＿＿＿＿＿＿＿＿＿＿。
2．日本語は話せることは話せるが、＿＿＿＿＿＿＿＿＿＿＿＿＿＿＿＿。
3．彼は仕事をするのが速いことは速いが、＿＿＿＿＿＿＿＿＿＿＿＿＿＿。
4．私は＿＿＿は食べられないことはないが、＿＿＿＿＿＿＿＿＿＿＿＿＿。

(4)「わけではない」「とはかぎらない」

● 「わけではない」……………………………………………………………

問6 例にならって空欄を埋めてください。

例．①リュウさんはいつもたくさん食べるのに今日は全然食べなかった。
　　②一般的にごはんを食べない人はおなかの調子が悪い。
　　　↓
　　③しかし、リュウさんは今日　おなかの調子が悪い　わけではない 。今日

血液検査があるから食べられないだけなのだ。

1. ①太郎さんは政治家の息子だ。
   ②一般的に政治家の息子は政治家になりたいと思っている。
   ↓
   ③太郎さんは政治家の息子だが、＿＿＿＿＿＿＿＿＿＿＿＿＿＿＿わけではない。

2. ①佐藤さんは中国に留学している。
   ②一般的に中国に留学していれば、中国語が上手だ。
   ↓
   ③佐藤さんは中国に留学しているが、＿＿＿＿＿＿＿＿＿＿＿＿＿＿わけではない。

> 「Aわけではない」：その場の状況などから一般的に、あるいは簡単に導き出せる推論を否定する。

練習6　次の文を完成させてください。
1. 彼女とつきあっているが、＿＿＿＿＿＿＿＿＿＿＿＿＿＿わけではない。
2. 私はアメリカで生まれたが、＿＿＿＿＿＿＿＿＿＿＿＿わけではない。
3. 私は医学部の学生だが、＿＿＿＿＿＿＿＿＿＿＿＿＿わけではない。
4. ＿＿＿＿＿＿＿＿＿からといって＿＿＿＿＿＿＿＿＿＿わけではない。

● 「とはかぎらない」……………………………………………………………………………

問7　下線部の表す意味としてa～cから適切なものを選んでください。
1. 科学は常に真実を語るとはかぎらない。
   a．科学は常に真実を語る。
   b．科学は真実を語っていないこともある。
   c．科学は常に真実を語っていない。
2. 先生の言うことがいつも正しいとはかぎらない。
   a．先生の言うことはいつも正しくない。
   b．先生の言うことはいつも正しい。
   c．先生の言うことは正しくないこともある。

> 「とはかぎらない」：ほとんどがそうだが例外もある。

練習7 次の文を完成させてください。
1．法学部を卒業した人がみんな＿＿＿＿＿＿＿＿＿＿とはかぎらない。
2．＿＿＿＿＿＿＿＿＿はいつも＿＿＿＿＿＿＿＿＿＿とはかぎらない。
3．＿＿＿＿＿＿＿＿＿が必ずしも＿＿＿＿＿＿＿＿＿＿とはかぎらない。

● 「とはかぎらない」と「わけではない」……………………………………………

問8 どちらが正しいですか。どちらもいい場合もあります。
1．私は法律を勉強しているが、弁護士になりたいと思っている｛とはかぎらない・わけではない｝。
2．法律を勉強している人がみんな弁護士になりたいと思っている｛とはかぎらない・わけではない｝。
3．隣の人は法律を勉強しているようだが、弁護士になりたいと思っている｛とはかぎらない・わけではない｝。
4．私は昨日京都へ行ったが、お寺を見に行った｛とはかぎらない・わけではない｝。
5．私はよく京都へ行くが、いつもお寺を見る｛とはかぎらない・わけではない｝。
6．チャンピオンが負けない｛とはかぎらない・わけではない｝。

> (1)　「Aとはかぎらない」が使えない場合：・「私（たち）」が主語のとき
> 　　　　　　　　　　　　　　　　　　　・話し手がよく知っていることを話すとき
> 　　ただし、「みんな」「いつも」など全部を表す語を伴う場合は使える。
> (2)　「Aわけではない」が使えない場合：・文脈が不十分で推論がないとき
> 　　　　　　　　　　　　　　　　　　・単に「例外があるかもしれない」と言うとき
> 　　×先生が間違わないわけではない。（→間違わないとはかぎらない）
> 　　〇先生も人間なのだから、間違わないわけではない。

練習8 まちがいがあったら正しくしてください。
1．私の父は力士だが、太っているとはかぎらない。
2．力士がみんな太っているとはかぎらない。
3．首都が一番大きい都市であるわけではない。
4．私は昨日1時から3時まで図書館にいたが、勉強していたとはかぎらない。
5．私はたいてい水曜日は家にいるが、毎週いるとはかぎらない。

2. 否定

(1)「のではない」

問1 どちらが適切ですか。B文の意味の違いを考えてください。
1．A：ストーブつけましたか？
　　B：いや、まだ{つけてない・つけたんじゃない}。
2．A：あなたがストーブをつけましたか？
　　B：いや、僕が{つけてない・つけたんじゃない}。多分、シャーさんがつけたんだ。

★1Bは動詞「つけた」を否定し、2Bは「僕がつけた」ことを否定する。

> 「Aのではない」は、Aを否定する。次には対比的なことがらが続く。

練習1 「のではない」を使って文を完成してください。
1．A：道がぬれているけど、雨が降ったの？
　　B：いや、＿＿＿＿＿＿＿＿＿＿＿＿＿て、店の人が水をまいたんだよ。
2．A：あれ、もう帰るの？
　　B：いや、＿＿＿＿＿＿＿＿＿＿＿＿＿て、これから会議。

(2)「わけではない」

問2 次の「わけではない」はどんな意味ですか。
1．A：よく食べるね。そんなにおいしい？
　　B：すごくおいしいってわけじゃないけど、あっさりしているからたくさん食べられるんだ。
2．A：もう会社に出てきて大丈夫なの。
　　B：完全に治ったわけじゃないけど、そんなに会社休めないよ。

> 相手の言ったことがらを{全面的に否定・部分的に否定}し、話し手の考えをあいまいにする。次に話し手自身の考えを述べることが多い。

練習2 「わけではない」を使って文を完成してください。
1. A：納豆嫌い？
   B：特に＿＿＿＿＿＿＿＿＿＿＿＿＿＿＿＿＿けど、ふだんあまり食べないね。
2. A：原子力発電には反対ですか。
   B：絶対に反対なわけではないですけど、＿＿＿＿＿＿＿＿＿＿＿＿＿＿＿。

(3)「のではない」と「わけではない」

問3 どちらが適切ですか。
1. A：このふた、開かないんだ。
   B：それはまわす｛んじゃなくて・わけじゃなくて｝、押すんだ。
2. A：そんなにたくさん買って、和菓子好きなの。
   B：いや、そんなに好きな｛んじゃない・わけじゃない｝けど、色があんまりきれいだから買ったんだ。

「Aのではない」：Aを100%｛否定する・は否定しない｝。
「Aわけではない」：Aを100%｛否定する・は否定しない｝。
「Aわけではない」にはこの用法（用法2）の他に、「1．断定を避ける」で見た用法（用法1）もあります。二つの違いは次のようです。

	A	意味	前の文やその場の様子との関連
用法1	制限なし	一般的な推論の否定	あり
用法2	性質・状態を表す表現	部分的に否定	なし

練習3 どちらが適切ですか。
1. A：痛そうねえ、痛いの？
   B：痛い｛んじゃなくて・わけじゃなくて｝、かゆいの。
2. セールだからって、みんな安い｛んじゃない・わけじゃない｝。
3. A：間違えてしまったので、書き直していいですか。
   B：それは書き直す｛のではなく・わけではなく｝、上から訂正してください。
4. A：奨学金もらえるかな？
   B：可能性がない｛のではない・わけではない｝けど、今は競争が激しいからね。

3. 想像して述べる

(1)「だろう（う・よう）」「まい」「のだろう」

● 「だろう（う・よう）」……………………………………………………………

問1 次の各文の「う・よう」は意志を表す（a）か、はっきりわからないことを表す（b）か考えてください。
1. 殺人を犯した彼が有罪になったのは当然であろう。（　　）
2. 明日はもう少し早く起きよう。（　　）
3. 将来的にはもっと複雑な問題も起きよう。（　　）
4. 失敗したと言ったほうがいいのではなかろうか。（　　）

> (1) 推量を表す「動詞＋う・よう」は「だろう」の古い形で、{書きことば・話しことば}で用いられる。
> (2) 「ある」「なる」などの非意志動詞や「言える」「できる」などの可能動詞で用いる。
> (3) 「なかろう」＝「（　　）＋だろう」

練習1-1　（　　）の中の動詞を「う・よう」を使って推量の形にしてください。
1. この調査の結果を見ると、地球はやはり温暖化していると（言える→　　　　　）。
2. 大学での研究は共同研究、委託研究など様々なタイプに分類（できる→　　　　　）。
3. 来月の首脳会談は今後の日米関係を話し合うのに適切な時期で（ある→　　　　　）。

練習1-2　次の文を完成させてください。
1. このデータを見ると＿＿＿＿＿＿＿＿ということが容易に想像できよう。
2. 少子化が進んでいる要因としては、＿＿＿＿＿＿＿＿が考えられよう。
3. ＿＿＿＿＿＿＿＿は＿＿＿＿＿＿＿＿が原因であろう。

I　モダリティ

● 「まい」……………………………………………………………………………………

問2　下線部の意味としてa、bから適切なほうを選んでください。
1．愛する息子を失った悲しみはあなたには<u>わかるまい</u>。
　　a．わかるだろう
　　b．わからないだろう
2．あの人には絶対<u>会うまい</u>と思った。
　　a．会いたい
　　b．会わないつもりだ

> (1)　「まい」－ないだろう（自分以外のことについて想像して述べている）
> 　　　　＝ないつもりだ（話し手の意志を表している（主語は「私」））
> (2)　論文など｛やわらかい・硬い｝文体で用いる。
> (3)　動詞の辞書形に接続する。「する＋まい」は「するまい」「すまい」がある。

練習2　「まい」を含む下線部を「ないだろう」「ないつもりだ」を使って言い換えてください。
1．姉の結婚は父もきっと<u>許すまい</u>。
2．娘の結婚は絶対に<u>許すまい</u>。
3．機械が誤作動したのでは<u>あるまい</u>か。
4．こんな大変な仕事は二度と<u>すまい</u>。

● 「だろう」と「のだろう」………………………………………………………………

問3　どちらが適切ですか。
1．A：田中さんたち今頃どこかな。
　　B：もうホテルに着いてる｛だろう・んだろう｝。
2．A：どうして道がぬれているのかな。
　　B：誰かが水をまいた｛だろう・んだろう｝。

> 「のだろう」：見たり聞いたりしたことから推測する。また、疑問詞がある文では「のだろう」を使う。

練習3　どちらが適切ですか。
1．A：加藤さん、朝ご飯も食べないでずっと寝てるよ。
　　B：きっと疲れている｛だろう・んだろう｝。起こさないでおこう。
2．佐藤さんは、さっきからずっと表をチェックしている。間違いがないかどうか気になる｛だろう・んだろう｝。
3．雨の日の散歩でビニールを着せられるのは、犬にとっては迷惑｛だろう・なんだろう｝。
4．なぜ人はテロに走る｛だろう・んだろう｝。憎しみしか生まないのに。

(2)「だろうか」「のだろうか」

● 「のだろうか」……………………………………………………………………

問4 次のa、bの「だろうか」「のだろうか」はどんな意味ですか。下の｛　　｝から選んでください。
1．a．彼は会社を始めて成功する<u>だろうか</u>。
　　b．彼は会社を始めて成功する<u>のだろうか</u>。
2．a．何を見舞いに持っていこうか。田中さんは甘いものは好き<u>だろうか</u>。
　　b．田中さんが来たとき、おいしいお菓子を出したのに全然手をつけなかった。田中さんは甘いものは嫌いな<u>のだろうか</u>。

★aとbの違い
　a文では、話し手は文の内容について｛わからない・心配、不安に思う｝のに対して、b文では、話し手は文の内容について｛わからない・心配、不安に思う｝。

> 「Aだろうか」：Aか否かがわからないことを表す。
> 「Aのだろうか」：見たり聞いたりしたことからAについて話し手・書き手が心配したり不安に思ったりしていることを表す。また、疑問詞がある文では、「のだろうか」を使う。

練習4　どちらが適切ですか。
1．山田さんが来ないが、具合が悪い｛だろうか・のだろうか｝。
2．A：田中さん、私の代わりにこの仕事をやってくれる｛だろうか・のだろうか｝。
　　B：とにかく、田中さんに頼んでみましょう。

3．凶悪な犯罪が増えている。犯人たちには良心というものがない｛だろうか・のだろうか｝。
4．チェーン店、大型店に押され、昔ながらの個人商店はどこへ行く｛だろうか・のだろうか｝。

● 「ではないか」と「のではないか」……………………………………………

問5 次のa、bの「ではないか」「のではないか」はどんな意味ですか。下の｛　｝から選んでください。どちらもいい場合もあります。

1．a．彼の考えは正しいではないか。
　　b．彼の考えは正しいのではないか。
2．a．こうした不況時にこそ建設的な発想が必要ではないか。
　　b．こうした不況時にこそ建設的な発想が必要なのではないか。

★a、bの違い
　1a文では、話し手は彼の考えが正しい｛と反論・かもしれないと主張｝し、
　1b文では、話し手は彼の考えが正しい｛と反論・かもしれないと主張｝している。
　2a文では、話し手は建設的な発想が必要｛と反論・かもしれないと主張｝し、
　2b文では、話し手は建設的な発想が必要｛と反論・かもしれないと主張｝している。

> 「Aではないか」：反論
> 「Aのではないか」：主張のやわらげ
> ただし、Aが名詞・ナ形容詞の場合は「Aではないか」が「Aのではないか」と同じ意味にも使われる。

練習5 「ではないか」「のではないか」のどちらがより適切ですか。
1．日本人は今、経済の停滞から自身を過小評価する傾向にある（　　　　）。
2．消費税というのは金持ちにも貧乏人にも同じ税率が適用される。これは実に不公平（　　　　）。
3．両国の首脳会談は、来月行われる（　　　　）。
4．政府がいっこうに有効な手を打たないために、現に環境破壊が加速している（　　　　）といらだつ声がある。
5．いったん値上げが認可されてしまうと、また繰り返される（　　　　）と心配する声がある。

● 「(の)ではないか」と「(の)ではないだろうか」……………………

問6 bはaに比べて主張の仕方が強いですか。弱いですか。

1. a：ダムの建設は、もう少し議論してから進めるべき<u>ではないか</u>。
   b：ダムの建設は、もう少し議論してから進めるべき<u>ではないだろうか</u>。
2. a：一人に任せるのではなく、みんなで分担したほうがいい<u>んじゃないですか</u>。
   b：一人に任せるのではなく、みんなで分担したほうがいい<u>んじゃないでしょうか</u>。

> 「ではないか」「のではないか」に「だろう」が加わると表現が｛強まる・弱まる｝ので、はっきり表現したくないときに用いる。「ではないだろうか」は、話しことばでは「　　　　」、硬い書きことばでは「ではなかろうか」となる。

練習6 次の文を主張をやわらげた表現に変えてください。
1. 事故の原因は、運転手の前方不注意ではないか。
2. 足りるということを知らなければ、いくらお金があっても足りない状態がずっと続くのではないですか。

(3) 「かもしれない」「恐れがある」「かねない」

問7 次の「かもしれない」は「恐れがある」「かねない」と交換できますか。
1. ひざの痛みがあるため、彼は今日の試合に出場できない<u>かもしれない</u>。
2. 妥協案を示さなければ与党は孤立してしまう<u>かもしれない</u>。
3. もしキャンセルが出れば、この飛行機に乗れる<u>かもしれない</u>。

> (1) 「恐れがある」「かねない」は悪い可能性があることを表す。「かもしれない」は良い可能性も悪い可能性も表す。
> (2) 悪い可能性を表す「かもしれない」は「恐れがある」「かねない」と交換できる。
> (3) 「かねない」は動詞のマス形語幹に接続する。否定の動詞には接続しない。
> (4) 「恐れがある」「かねない」は｛やわらかい・硬い｝文体で用いられる。

練習7 適切なほうを選んでください。
1．試験に合格してもビザが降りなければ、留学できない｛恐れがある・かねない｝。
2．また一緒にお仕事をさせていただく機会がある｛かもしれません・恐れがあります｝。そのときはどうぞよろしくお願いします。
3．雨のため、試合開始時間が遅れる｛恐れがある・かねない｝が、中止になるほどではないだろう。

(4)「はずだ」

●「はずだ」……………………………………………………………………

問8　「はずだ」が入るのはどれですか。
1．昨日確かに見たから、ある（　　　　）。
2．雪が降って、飛行機が遅れる（　　　　）。
3．みんなが到着する頃には、私もそこに着いている（　　　　）。
4．彼は5年もタイに住んでいたんだそうだ。道理でタイのことをよく知っている（　　　　）。

> 「はずだ」は｛確かな・不確かな｝根拠をもとに当然そうだと推測する。また、「はずだ」は｛話し手・聞き手・第三者｝が主語にならない。ただし、話し手の意志と関係なく決まっていることについては「はずだ」を用いる（問8-3）。また、「はずだ」には、事実を見て納得を表す用法もある（問8-4）。

練習8　「はずだ」が入るのはどれですか。
1．あの電気屋さんとは親しいから、頼めばすぐ来てくれる（　　　　）。
2．私もその講演に行ったから資料を持っている（　　　　）なので、あとで探します。
3．A：お花見行く？
　　B：今日は忙しいから、ぼくはあした行く（　　　　）。
4．このりんご、おいしい（　　　　）。値段が普通のりんごの倍もする。

● 「ないはずだ」と「はずは（が）ない」……………………………………………

問9 どちらが適切ですか。どちらもいい場合もあります。
1．A：彼はこの件についてもう知っている？
　　B：先週の会議を欠席していましたから、{知らないはずです・知っているはずはありません}。
2．こんな難しいことは私に{できないはずです・できるはずがありません}。

> 「Aないはずだ」は、「Aない」ことを推測する。「はずはない」は、推測自体を否定するので、{強い・弱い}主張を表す。「はずがない」は「はずはない」より話し手の確信が強い。

練習9 「ないはずだ」「はずは（が）ない」のどちらが適切ですか。動詞も補って入れてください。
1．A：2万円で入れるアパートないかな。
　　B：この辺は高級住宅街なんだろ、（　　　　　　）。
2．A：田中先生は今日大学にいらっしゃいますか。
　　B：今週は出張なので、（　　　　　　）。
3．A：インドネシアでスキーができるかな。
　　B：熱帯なんだから（　　　　　　）。

● 「はずだった」と「たはずの・はずだが・はずなのに」……………………………

問10 次の文の意味は、a、bのどちらですか。
1．脱線事故を起こしたその電車に私も乗るはずだった。
　　a：話し手は電車に乗った。
　　b：話し手は電車に乗らなかった。
2．閉めたはずの窓が開いている。
　　a：話し手は窓を閉めたと思っている。
　　b：話し手は窓を閉めなかったと思っている。

> 「るはずだった」：実際には予定と違う結果になったことを表す。
> 「たはず｛の／だが／なのに｝」：話し手はそうだ、そうしたと思っているが、実際にはそうなっていないことを表す。

練習10　次の文の意味は、a、bのどちらですか。
1．予定では、この橋は今年の春完成するはずだった。
　　a：橋は今年の春完成した。
　　b：橋は今年の春完成しなかった。
2．カバンに入れたはずの論文が見つからない。
　　a：論文はカバンに入っている。
　　b：論文はカバンに入っていない。
3．スーパーで、出張しているはずの田中さんに会った。
　　a：田中さんは出張中である。
　　b：田中さんは出張中ではない。

● 「かもしれない」「はずはない」「わけがない」……………………………………

問11　どちらが適切ですか。
1．彼女、若く見えるけど、もしかしたらもう30を過ぎている｛かもしれない・はずはない｝。
2．3時間かかるのだから、11時に出て1時の会議に間に合う｛かもしれない・はずはない｝。

> 「Aかもしれない」は、Aが起こる可能性が｛ある・ない｝が、「Aはずはない」「Aわけがない」は、Aを強く否定することを表す。

練習11　どれが適切ですか。答えは1つとはかぎりません。
1．さっき見たから、ない｛かもしれない・はずはない・わけがない｝。
2．急に冷え込んで来たから、夕方あたりから雪が降り出す｛かもしれない・はずはない・わけがない｝。
3．彼女はカラオケが嫌いだから、来る｛かもしれない・はずがない・わけがない｝。

(5)「にちがいない」「に決まっている」

●「にちがいない」「に決まっている」……………………………………………

問12 どちらがより適切ですか。
1．昨年に続き、今年もより大幅なリストラが行われるに{ちがいない・決まっている}。
2．心臓の悪い人が坂道をかけ上がったりしたら、体に悪いに{ちがいない・決まっている}じゃない。なんでそんなことしたの。

> 「にちがいない」「に決まっている」は、直感をもとにした推測を表す。
> 「にちがいない」：話しことば、書きことばの両方で用いられる。
> 「に決まっている」：くだけた話しことばで用いられる。

練習12 どれが適切ですか。
1．このテーマパークが収益をあげ続けるためには、消費者の期待を高める魅力づくり、話題づくりというものが必要に{ちがいない・決まっている}。
2．A：彼女にそんなことを言ったの。
　　B：彼女、すごく傷ついたみたい。
　　A：そんなこと言われたら誰だって傷つくに{ちがいない・決まっている}。

●「はずだ」と「にちがいない」……………………………………………

問13 どちらが適切ですか。
1．最近どうも体の調子が良くない。どこか悪いところがある{はずだ・にちがいない}。
2．使用許可なら前にももらったことがあるから知っているよ。この申込書に書いて申し込めば、1週間以内に使用許可がもらえる{はずだ・にちがいない}。

> 「はずだ」「にちがいない」は、ともに推測を表すが、「はずだ」は{確かな根拠・直感}をもとにした推測で、「にちがいない」は{確かな根拠・直感}をもとにした推測である。
> 確かな根拠とは、計算・論理的思考の結果、過去の経験などである。

練習13 どちらが適切ですか。
1．この地域は、条例によって20メートル以上の建物は建てられない｛はずだ・にちがいない｝。
2．学生：昨日はエアコンの音がうるさくて勉強できませんでした。
　　管理人：今日修理してもらったから、もう静か｛なはず・にちがいない｝ですよ。
3．あっ、空が曇ってきたな。夕立が来る｛はずだ・にちがいない｝よ。
4．あの男が犯人｛にちがいない・のはずだ｝。証拠はないが、なんとなくそんな感じがするんだ。

ちょっと一息 ①

「かねない」「かねる」「かねている」「たまりかねて」

「かねない」：悪いことが起こる可能性がある。
　例：軽い風邪でも肺炎になりかねないから、注意が必要だ。
「かねる」：〜することができない
　例：ご質問にはお答えしかねます。
「かねている」：〜することが困難な状況である。〜できず困っている。
　例：彼女は理由を言い出しかねていた。
「たまりかねて」：それ以上我慢できなくて
　例：アパートの上の階の人は毎晩掃除機をかけるのでうるさい。昨日は夜中の０時に掃除を始めたので、たまりかねて文句を言いに行った。

4. 様子を述べる

● 「ようだ（みたいだ）」「らしい」「だろう」……………………………………

問1 どちらが適切ですか。

1. 戦争のない平和な時代がいつか来る｛ようだ（みたいだ）・だろう｝と信じている。
2. この犬は具合が悪い｛ようだ（みたいだ）・だろう｝。全然エサを食べない。
3. ＜診察を終えて＞医者：風邪｛のよう・らしい｝ですね。

> (1) 「ようだ（みたいだ）」「らしい」は視覚情報、聴覚情報などの根拠に基づいて想像し、様子を述べる。
> (2) 話し手に近い情報を伝える場合は「ようだ（みたいだ）」しか使えない。
> 例：＜子どもがピアノを弾くのを聴きながら＞
>   前より上手になった｛○ようだ（みたいだ）／×らしい｝ね。
> (3) 「ようだ」はやわらかい文体では「みたいだ」になる。
> (4) 「だろう」は視覚情報、聴覚情報などの根拠なしで想像し、意見を述べる。

練習1 どちらが適切ですか。

1. 部屋の中には誰もいない｛みたいだ・だろう｝。ノックしても返事がない。
2. 具体的な景気回復策は何もないのに、「来年には日本の景気もよくなる｛ようだ・だろう｝」と首相はいつも言う。
3. 上の部屋の人がまたダンスパーティをしている｛らしい・だろう｝。音楽がうるさい。
4. ＜友人との会話＞うちの夫、最近ちょっと太った｛みたいな・らしい｝の。
5. どうやら日本チームが勝った｛らしい・だろう｝。歓声が聞こえてくる。
6. 来年の今ごろ息子は東京の大学に行っている｛ようだ（みたいだ）・だろう｝。

I モダリティ

● 「そうだ」..

問2 どちらが適切ですか。

1. あっ、本が { 落ちるそうです・落ちそうです } よ。
2. ＜雪の中を歩く子どもたちをテレビで見て＞わあ、{ 寒そう・寒いそう } だ。
3. 林さんから聞いたんだけどね、部長は今ハワイに { いそうだ・いるそうだ } よ。
4. さびしいところだね。幽霊が { 出そうだ・出るそうだ } ね。
5. 佐藤さんから聞いたんだが、駅前の酒屋は今月からコンビニに { 変わったそうだ・変わりそうだ } よ。

> 「A（動詞／イ・ナ形容詞普通形）そうだ₁」：見聞きして他から得た情報（伝聞）を表す。
>
> 「A（動詞マス形語幹）そうだ₂」：
> 　　　　　　　　直後にAする可能性が高いと直感的に思う。
> 「A（動詞マス形語幹／イ・ナ形容詞（〜い・な））そうだ₃」：
> 　　　　　　　　Aが性質として十分にあると直感的に思う。
>
> ・「そうだ₁」は「そうな」「そうに」にならない。
> 　例　×新聞によると、昨日中国で地震があったそうな情報がある。
> ・時間の流れに関連する文脈では「そうだ₂」、性質や状態に関連する文脈では「そうだ₃」に解釈されるので、イ・ナ形容詞のときは「そうだ₃」の意味になる。
> 　例　危ない。ひもが切れそうだよ。（そうだ₂）
> 　　　このナイフはよく切れそうだけど、高そうだよ。（そうだ₃）

練習2 どちらが適切ですか。

1. ああ、{ 吐くそうだ・吐きそうだ }。トイレはどこ？
2. この商店街には { つぶれるそうな・つぶれそうな } 古い店が多い。
3. ＜ケーキを見て＞わあ、{ おいしそう・おいしいそう } ですね。
4. 彼は仕事がよく { できそうに・できるそうに } 見えたから、採用したんだが、彼を採用したのは失敗だったと思っている。
5. これなら { 買えそうだ・買えるそうだ } と思える家は、とても狭いか、不便なところにある。

● 「ようだ（みたいだ）」「そうだ」……………………………………………………

問3 どちらが適切ですか。
1．向こうに芸能人が｛いるみたいだ・いそうだ｝ね。黒山の人だかりだ。
2．A：今日田中さんが先生に向かって失礼なことを言ったんだって。
　　B：あの人なら｛言うみたいだ・言いそうだ｝な。

意味		接続			
		動詞	イ形容詞	ナ形容詞	名詞
ようだ	根拠あり	出るようだ	高いようだ	親切なようだ	まちがいのようだ
そうだ	直感的	出そうだ	高そうだ	親切そうだ	×

・直前の状況が確認できないほど瞬間的な動作には「ようだ」は使えない。
　例　あっ、危ない。ひもが｛×切れるようだ／○切れそうだ｝。

練習3 どちらが適切ですか。
1．田中さんは｛留守のようだ・留守そうだ｝。部屋の電気が消えている。
2．今日の試合には｛勝つみたいだ・勝ちそうだ｝。何となくそんな感じがする。
3．こういうホテルにはバックパッカーはいないよ。ユースホステルなら、たくさん｛いるみたいだ・いそうだ｝けど。そんな気がする。
4．昔からここに住んでいる人と話したんですが、この町では長年この川をめぐって、ひどい争いが｛起こっているようです・起こっていそうです｝。
5．彼は一見お酒が｛好きなよう・好きそう｝ですが、実は飲めないんですよ。

☕ちょっと一息 ②

「ようだ」は1人称主語で意見を述べるときに用いると、断定回避の意味になります。
・時間も遅いですし、そろそろ失礼したほうが良い<u>ようです</u>ね。
・このような場面で意見を述べてはいけない<u>ような</u>気がします。

5. 意志

(1) 動詞の辞書形・マス形による意志

問1 意志を表すのはどれですか。

1．今日の午後は雨が降る。
2．世界貿易機関（WTO）閣僚会議は毎年この時期に開かれますか。
3．母：花子ちゃん、ちょっと台所に来て手伝って。
　　娘：うん、今、行く。

> 意志動詞の辞書形・マス形：直後に確実に実行する意志、願望がある。

練習1 意志を表すのはどれですか。

1．5分後にまたお電話します。
2．このタワーに上れば、富士山が見える。
3．田中さんは私が1日かかってもできない仕事を3時間でする。
4．1日に3万人の人がこの電車を利用する。
5．A：＜アルバムを見せながら＞旅行のとき撮った写真ができたんだけど、見る？
　　B：見る、見る。

(2)「う・よう」と「つもりだ」

●「う・よう」と「つもりだ」……………………………………………

問2 どちらが適切ですか。

1．タンさんはどんなことがあっても大学院に{入ろうと思う・入るつもりだ}。
2．ガンの治療では患者が{生きよう・生きるつもりだ}という気持ちを持つことが一番の薬になる。
3．今までは、合格するまで何度でもがんばるつもりだった。しかし、不合格の通知を受け取ったとき、もう{あきらめようと思った・あきらめるつもりだった}。
4．＜お風呂で＞あと10数えたら{出よう・出るつもりだ}。

❖ 意志
(1) 「つもりだ」：具体化した意志を持続して持っている。
　　「う・ようと思う」：その場で思いついた意志。
　　「う・よう」：意志の宣言・勧誘。
(2) 何をするかが不確定な場合、「つもりだ」は使えない。
(3) 主語が「私以外」のときは「う・ようと思う」が使えない。
(4) 「う・よう」は「と思う」のほか、「とする」「という」を伴うことができる。

練習2　どれが適切ですか。
1．部長は次の仕事を山田さんに{任せようと思います・任せるつもりです}。
2．小学生のときはじめて球場に行ってプロ野球を見て、大きくなったらプロの野球選手に{なろうと思った・なるつもりだった}。
3．相手の態度から誠意を{示そう・示すつもりだ}としていることがよくわかった。
4．さあ、今日こそは、なんとしてでもこの仕事を全部{片付けてしまおう・片付けてしまうつもりだ}！
5．ねえ、いい天気になってきたから、ちょっと散歩にでも{行こうと思う・行くつもりな}んだけど、一緒に行かない？

● 「う・ようと思う」と「う・ようとする」……………………………………

問3　どちらが適切ですか。
1．棚の上のものを取ろうと{思って・して}、腰を痛めた。
2．今回は負けてしまったが、次回はもっと頑張ろうと{思う・する}。
3．車がカーブにさしかかろうと{思った・した}とき、急に子どもが飛び出してきた。

❖ 「う・ようとする」
(1) 主語が人の場合：何かをする意志を持ってその動作にとりかかる。
　　　　　　　　　意志を表すだけの場合は「う・ようと思う」を使う。
(2) 主語がモノの場合：まさに直前である。

練習3 1～4の下線部は下のa、bの下線部のどちらに近いですか。

  a．出かけ<u>ようとして</u>靴をはいていたら、突然電話が鳴った。
  b．西の空に太陽が沈<u>もうとしている</u>。

1．重いダンボール箱を持ち上げ<u>ようとして</u>力を入れた。（ ）
2．1年も終わ<u>ろうとしている</u>大晦日の夜、娘が生まれた。（ ）
3．営利のために法の網の目をかいくぐ<u>ろうとする</u>組織の動きは防ぐことができない。（ ）
4．時計の針が今9時をさ<u>そうとしている</u>。（ ）

● 「ないつもりだ」と「つもり（で）はない」 ……………………………………

問4 どちらが適切ですか。
1．A：携帯電話はいかがですか。
  B：もう持っているから、{買わないつもりだ・買うつもりはない}よ。
2．A：この件についてご意見をお願いします。
  B：議論を混乱させたくないので、今日はなるべく発言{しないつもり・するつもりはない}です。

「Aないつもりだ」「Aつもり（で）はない」は意志がないことを表す。
「Aつもり（で）はない」のほうが強い否定を表す。相手の言うことを強く拒否したい場合に適している。

練習4 どちらが適切ですか。
1．できるだけ両親に心配を{かけないつもりだ・かけるつもりはない}が、あまり自信はない。
2．A：どうかお願いします。
  B：どんなに説得されても{行かないつもりだ・行くつもりはない}よ。

☕ **ちょっと一息 ③**

「つもり」は話し手の意志が現実や予想、他の人の気持ちと違うことも表せます。
1．窓を閉めた<u>つもり</u>だったが、帰宅してみると窓が開いたままだった。
2．A：これは何の絵？クマ？　B：ネコの<u>つもり</u>なんだけど。

6. 義務・必要

(1)「べきだ」

● 「べきだ」「べきではない」……………………………………………………

問1 （　　　）の中の動詞を「べきだ」「べきではない」を使って適切な形にしてください。

1．政府は不良債権処理問題をできるだけ早く（解決します→　　　　　　　）。
2．顧客への対応は（誠実です→　　　　　　　）。
3．結婚式のスピーチでは「別れる」「切れる」などの言葉を（使います→　　　　　　　）。

> (1)「Aべきだ」はAすることが当然であるということを表す。
> (2)「べきだ」は名詞を修飾するとき、「べき」になる。
> (3) 否定形は「べきではない」になる。
> (4) ナ形容詞、名詞に接続するとき、「であるべき」になる。
> (5)「する＋べきだ」は「するべき」と「すべき」がある。

練習1-1 （　　　）内を適切な形にしてください。

1．私たちは地球温暖化を食い止める何らかの対策を
　（講じます＋べきだ→　　　　　　　　）。
2．空いている席があるなら、客を（入れます＋べきだ→　　　　　　　　）よ。
3．今はまだ真実を（話します＋べきだ→　　　　　　　　）時期ではない。
4．注意されたら（反省します＋べきだ→　　　　　　　　）。
5．わが国は軍事力の行使に（慎重です＋べきだ→　　　　　　　　）。
6．面接の前に（読んでおきます＋べきです→　　　　　　　　）資料などがあったら教えてください。

練習1-2 次の文を完成させてください。

1．結婚式は厳粛なもの＿＿＿＿＿＿べきだ。
2．老人や体の不自由な人には＿＿＿＿＿＿＿＿＿＿＿＿べきだ。
3．政府は＿＿＿＿＿＿＿＿＿＿＿＿べきだ。

I モダリティ

● 「べきだった」 ……………………………………………………………………

問2 次の文の意味は、a、bのどちらですか。
1．買う前に値段をよく見るべきだった。
　　a．買う前に値段をよく見た
　　b．買う前に値段をよく見なかった
2．彼にあんなひどいことを言うべきではなかった。
　　a．彼にひどいことを言った
　　b．彼にひどいことを言わなかった

> 「Aべきだった」：AしなかったがAしたほうがよかった
> 「Aべきではなかった」：AしたがAしないほうがよかった

練習2 次の文の意味は、a、bのどちらですか。
1．北京の冬がこんなに寒いとは思っていなかった。防寒具を用意するべきだった。
　　a．この人はまだ日本にいる。防寒具を用意しようと思っている。
　　b．この人は今北京にいる。防寒具を用意しなかった。
2．田中さんはいつも「こんな人と結婚すべきではなかった」と言っている。
　　a．田中さんはもう結婚しているが、結婚生活に不満がある。
　　b．田中さんはまだ結婚していないが、結婚する相手に不満がある。

● 「べきだ」と「なければならない」 ……………………………………………

問3 どちらが適切ですか。
1．迷った末、広さを重視してこのアパートに決めたのだが、やはり駅に近いほうに｛するべきだった・しなければならなかった｝かと後悔している。
2．運転するときは免許証を携帯｛するべきだ・しなければならない｝。
3．私は来週までにレポートを提出｛するべきだ・しなければならない｝。
4．この会議が終わったら、私はデスクに戻ってこの書類を｛仕上げるべきだ・仕上げなければならない｝。悪いが手伝ってくれないか。
5．この国では車は左側を｛走るべきだ・走らなければならない｝。

(1) 「Aべきだ」は「Aが正しいこと」を個人の意見として主張している。
(2) 「なければならない」は規則・予定・法律として決まっている必要事項に使えるが、「べきだ」は使えない。
(3) 「したほうがいい」という文脈では「なければならない」ではなく「べきだ」が用いられる。
(4) 「私はAべきだ」は使えない。自分を客観的に見ていることになる場合（「私はAべきだと思う」「私はAべきだと思っている」「私はAべきなのだ」）は使える。

練習3 「べきだ」と「なければならない」のどちらが適切ですか。＿＿＿＿に正しいほうを選んで入れ、（　　　）の中の動詞を適切な形に変えてください。

1．私は事務室へ（行きます→　　　　）＿＿＿＿＿から、先に食堂へ行ってください。
2．電車の中で騒ぐ子どもたちを注意（します→　　　　）＿＿＿＿＿かどうか迷ってしまった。
3．大学院に入るためには、この試験に合格(します→　　　　)＿＿＿＿＿。

● 「べきだ」と「はずだ」……………………………………………………

問4 どちらが適切ですか。
1．パーティに招待されたら少なくとも開始時間の10分前には会場に｛着いているべきです・着いているはずです｝よ。遅れるのは失礼ですからね。
2．財布は確かに今朝かばんに入れたから、ある｛べきだ・はずだ｝。

「Aべきだ」：Aすることが当然である、正しいと話し手が思っていることを表す。
「Aはずだ」：論理的な根拠や過去の経験・計算に基づいて当然そうだと判断していることを表す。

練習4 「べきだ」と「はずだ」のどちらがいいですか。

1．さっき駅から電話がかかってきたから、もうすぐ家に帰って来る{べきだ・はずだ}。
2．A：この会社では休暇中の個人的な予定をすべて上司に前もって知らせなければならないんだって。
　　B：それはひどいね。プライバシーは守られる{べきだ・はずだ}よ。
3．初対面の人に年齢を聞く{べきではない・はずではない}。

(2) 「ものではない」と「ことはない」

問5 「ものではない」と「ことはない」のどちらが適切ですか。

1．自分だって言われたら気分悪いんだから、人間、人の悪口は言う{ものではない・ことはない}よ。
2．あなたが行く{ものではない・ことはない}。手が空いてる田中さんに行ってもらえばいい。

> 「Aものではない」：社会的慣習から考えてAないほうがいい。
> 「Aことはない」：Aする必要はない。
> 「ものではない」は、{一般的・個別的}で、「ことはない」は、{一般的・個別的}である。

練習5 「ものではない」「ことはない」のどちらか適切なほうを入れてください。

1．A：大丈夫かなあ、明日の面接。
　　B：そんなに心配する（　　　　　　）わよ。
2．人前であくびをする（　　　　　　）よ。失礼だよ。
3．A：すいません。
　　B：あやまる（　　　　　　）よ、僕のほうも確認すればよかった。
4．娘：田中さんの家に今から電話してもいいかな。
　　母：こんなに遅く人の家に電話する（　　　　　　）わよ。

(3)「なければならない」「ざるをえない」「ずにはいられない」

●「ざるをえない」と「ずにはいられない」

問6 (　　　　) の中の動詞を適切な形に変えてください。

1．後継者がいないので、150年続いた和菓子屋を閉店（します→　　　　　）ざるをえない。
2．隣の部屋の人の掃除機の音があまりにうるさいので文句を（言います→　　　　　）ずにはいられなかった。
3．禁煙席が満席なので喫煙席に（座ります→　　　　　）ざるをえない。
4．この映画は戦争中のことを描いたもので、内容があまりに残酷だったので、途中で目を（覆います→　　　　　）ずにはいられなかった。

> 「Aざるをえない」：A以外には方法がない。
> 「ずにはいられない」（やわらかい文体では「ないではいられない」）：
> 　　理性の範囲を越えていて自分の意志では衝動を押さえられない。

練習6 どちらが適切ですか。

1．残念だが、新しい店の経営はうまくいっていないと｛言わざるをえない・言わずにはいられない｝。
2．急な仕事が入ったので、出発の日を変更｛せざるをえない・せずにはいられない｝。
3．海外旅行中に、ある小学校を訪れた。子どもたちは貧しくても希望に満ちあふれていた。私を見て駆け寄ってくる子どもたちを思わず｛抱きしめざるをえなかった・抱きしめずにはいられなかった｝。
4．腕時計はもう持っているが、バーゲンであまりに安かったのでもう1つ｛買わざるをえなかった・買わずにはいられなかった｝。

●「なければならない」「ざるをえない」「ずにはいられない」

問7 どれが適切ですか。

1．料理人が長い髪をしていると不潔に見えるから、長い場合は、ひもでしばるなどして短く｛しなければならない・せざるをえない・せずにはいられない｝。
2．先輩のあまりにひどい態度に我慢ができなくて、文句を｛言わなければならなかった・言わざるをえなかった・言わずにはいられなかった｝。

> 「ざるをえない」「ずにはいられない」は単なる必要事項は表せない。

練習7 どれが適切ですか。
1．残念だが、この試合には負けたと{認めざるをえない・認めずにはいられない}。
2．クリスマスプレゼントをもらった。12月25日まで開けてはいけないと言われたが、早く中身が知りたくて、すぐに開けて{見なければならなかった・見ざるをえなかった・見ずにはいられなかった}。
3．プールに入る前には準備運動をしっかり{しなければならない・せざるをえない・せずにはいられない}。

☕ちょっと一息④

「なくてもいい」「までもない」

不必要を表したいときは普通「なくてもいい」を用いる。「までもない」は「過剰なのであえて必要ない」という相手への配慮が含まれる。

例：雨はほんの少ししか降っていないし、向こうの建物まではすぐだから、走れば傘をさすまでもないよ。（＝ささなくてもいい）

例：もう先週から仕事を始めてもらっているから、あらためてご紹介するまでもないですね。（＝紹介しなくてもいい）

7. 可能・不可能

(1)「ようがない」

問1 「ようがない」で言い換えられるのはどれですか。

1．推薦状を頼まれたが、彼のことはよく知らないので書くことができない。
2．この子はまだ1歳なのでひらがなも書くことができない。
3．ひどく壊れてしまったので、この車はもう直すことができない。
4．急いで知らせたいが、あの人は携帯電話を持っていないので、知らせることができない。
5．遅れた理由はばれてしまっているので、言い訳をすることができない。
6．機械に弱いので、プリンターを直すことができない。

> 「ようがない」：願望はあるが、実現するための方法が何もみつからない。
> 「(名詞)を＋する」＋「ようがない」＝「(名詞)のしようがない」

練習1 まちがいがあったら正しくしてください。

1．病院内では電子機器の誤作動を防ぐために携帯電話は使いようがない。
2．体力がないので、1キロさえ走りようがない。
3．日曜日はこの入口からは入りようがないので、他の入口から入ってください。

(2)「かねる」

問2 「かねる」で言い換えられるのはどれですか。

1．A：田中さんはどちらがいいと思われますか。ご意見、お聞かせください。
　　B：すみません。これだけの資料では判断することができません。
2．右手をけがしているので、字をうまく書くことができない。
3．A：そちらの会社は来年も社員を募集しますか。
　　B：その件に関しては現時点ではお答えできません。

(1) 「Aかねる」：Aすることができない。
(2) 硬い文体でのみ用いられ、「ことができない」より使用範囲は狭い。
(3) 「何とかAしたい気持ちはあるが、状況が許さないので、どうすることもできない」という気持ちを表す。丁寧に断るときに好まれる。
(4) 丁寧に断る場合に使う動詞が多い。
答えかねる、応じかねる、できかねる、判断しかねる、納得しかねる、賛同しかねる、致しかねる…

練習2 適切な動詞と「かねる」を使って丁寧に断ってください。

1．A：すみません。昨日こちらで水着を買ったんですが、着てみたらちょっときついみたいなんです。新しいのと交換してくださいませんか。
　　B：直接身につけるものですので、ご返品には_____かねるんですが。
2．A：＜電話で＞すみません。合格発表を見に行くことができないので、試験の結果を教えていただけませんでしょうか。
　　B：お電話_____かねます。
3．出発日の1週間前からはいかなる場合も旅行代金は_____かねますので、あらかじめご了承ください。

(3)「わけに（は）いかない」

問3 どれが適切ですか。

1．A：歌舞伎の券があるんですが、日曜日に一緒に見に行きませんか。
　　B：日曜日は午後に大切なお客様が来るので、でかける｛わけにはいかない・わけではない・わけがない｝んですよ。
2．彼は今まで一度も遅刻などしたことがないから、遅れる｛わけにはいかない・わけではない・わけがない｝。
3．できれば行かせてあげたいが、子どもには危険な場所なので行かせる｛わけにはいきません・わけではありません・わけがありません｝。

(1) 「Aわけにはいかない」は動詞の辞書形、ナイ形に接続する。「何らかの根拠・理由があって、社会通念上Aすることはできない、適当ではない。」ことを表す。
(2) 「わけがない」は「はずがない」と同様、強い否定を表す。

練習3　次の文を完成させてください。
1．明日は試験があるから_____わけにはいかない。
2．これは母にもらったものなので、_____わけにはいかない。
3．上司がまだ仕事をしているので、_____わけにはいかない。
4．これからは企業も環境問題を_____わけにはいかない。

(4) その他の可能を表す表現

● 「える」「うる」……………………………………………………………

問4　どちらが適切ですか。
1．東海地方ではいくつかのプレートが交差しているので、いつでも大地震が｛起こりえます・起こりうます｝。
2．この国では20歳を過ぎた若者が親と一緒に住むなんて｛ありえません・ありうません｝よ。

> (1) 「える」「うる」：可能性がある。
> (2) マス形→○えます、×うます
>   否定形→○えない、×うない
> (3) やむをえない（やむをえず）：他に方法がないので受け入れざるをえない。

● 「える」「うる」と可能……………………………………………………

問5　どちらが適切ですか。
1．林さんがまだ来ないので私たちはまだ出発｛することができない・しえない｝。
2．何か対策を講じなければ10年後の地球がさらに温暖化することは十分｛考えることができる・考えうる｝ことだ。

「える」「うる」は以下の条件を伴うため、「起こる」「発生する」「想像する」「ある」「考える」「異なる」「成す」など一部の動詞に使用が限られている。
(1) 「える」「うる」は意志動詞には接続しにくい。
(2) 「える」「うる」は{論文などの硬い・会話などのやわらかい}文体で好まれる。

練習5 まちがいがあれば、正しくしてください。
1．事故の原因を追究しなければ、また同じような事故が起こりえる。
2．最近は電車の中のテレビで野球の試合の結果を見うる。
3．条件を変えれば、2つの実験の結果は異なれる。

● 「見える」と「見られる」……………………………………………

問6 まちがいがあったら正しくしてください。
1．ひどく酔っていたので、月が二重に見られた。
2．後ろの席からでも黒板の字が見られますか。
3．このズボンをはくと足が長く見られる。
4．携帯電話が普及したので東京では公衆電話があまり見えなくなった。

(1) 「見える」は意志的にコントロールできないことに使う。
　　例：あそこに信号が{○見えます／×見られます}よね。その信号を右に曲がってください。
(2) 「見られる」は意志的にコントロールできることに使う。
　　例：インターネットでも映画が{×見えます／○見られます}。
注意
(a) 見たいという意志があっても外的要因でコントロールできないことには「見えない」を使う。
　　例：今日は前の席に大きい人が座ったのでスクリーンがよく{○見えなかった／×見られなかった}。
(b) 自然に視界に入ってくる場合でもその場所の特徴になっていることには「見られる」を使う。
　　例：ハワイでは12月でも水着を着ている人が{×見えます／○見られます}。

練習6　どちらが適切ですか。
1．この公園では健康のためにジョギングをしている人がしばしば｛見られます・見えます｝。
2．衛星放送でＣＮＮのニュースが｛見られる・見える｝。
3．手術が成功したので、目が｛見られる・見える｝ようになった。
4．電車の中で携帯電話を使う人が多く｛見られる・見える｝ようになった。
5．今月20日までこの美術館でピカソの絵が｛見られます・見えます｝。
6．霧がひどくて何も｛見られない・見えない｝ので、危ないから車を止めた。

ちょっと一息 ⑤

「にくい」「づらい」「がたい」

「づらい」「がたい」は「にくい」と同様、「～すること」に困難を伴うことを表します。
「づらい」は「つらい」という気持ちを強調したいときに好まれるので、「にくい」より使用範囲が狭いです。
　例：万年筆をもらったんだが、新しいのでまだすべりが悪くて書きづらい。
　　　この町は空気も汚ないし、人情味に欠けるので住みづらいと思う。
「がたい」は硬い文体で用いる形式で、「信じる」「理解する」「予測する」「許す」「耐える」「認める」「想像する」「忘れる」「賛成する」「言う」「表す」など認識・思考・発言にかかわる動詞にしかつかないので、使用範囲が限定されています。
　例：子供のいたずらだが、命に関わることなので許しがたい。
　　　私は寒さには強いほうだが、北京の冬は耐えがたいほど寒かった。

ちょっと一息 ⑥

「も」の効果

「ないことはない」「とはかぎらない」「わけではない」に「も」を使うと少し柔らかい表現になります。
　1．あのレストランはおいしくないこともない。
　2．絶対に合格できないともかぎらない。
　3．休暇中だからといって、何もしないわけでもない。

8. 総合練習

1．次の文は適切ですか。○か×をつけてください。
(1) a．私は田中さんを許すべきだ。（　　）
　　 b．彼は田中さんを許すべきだ。（　　）
(2) a．フロッピーは、多分机の上に置いたと思っている。（　　）
　　 b．彼は、フロッピーを机の上に置いたと思っている。（　　）
(3) a．私は明日そちらに3時までには着いているはずです。（　　）
　　 b．彼は明日そちらに3時までには着いているはずです。（　　）

2．（　　　）の動詞を適切な形に変えてください。
(1) 仕事がつまらないので、会社を（やめる→　　　　）うと思う。
(2) あんなばかなことは二度と（する→　　　　）まいと思う。
(3) 自衛隊の海外派遣については、国民的な議論が必要で（ある→　　　　）う。
(4) 彼だったら、そんな馬鹿なことを（言う→　　　　）かねない。
(5) 彼が社長になる⁈ それは（ある→　　　　）えない話だ。

3．次の文の意味を下から選んでください。
(1) 就職するときに自分がどういう人生を送りたいと思っているのか、よく考えるべきだった。
　　→ 話し手はよく｛考えた・考えなかった｝。
(2) 送ったはずのメールが届いていない。
　　→ 話し手はメールを｛送った・送っていない｝と思っている。

4．適切なほうを選んでください。
(1) こんな難しい仕事、私に｛できるはずはない・できないはずだ｝。
(2) 鈴木：金曜日の忘年会、本田さんも行く？
　　本田：私は｛行くつもりはない・行かないつもり｝。でも、もしかして、ベビーシッターが見つかったら行けるかもしれないわ。
(3) 外国人：梅雨明けはだいたいいつ頃ですか。7月の末頃ですか。
　　日本人：いや、7月の末には｛なるはずがありません・ならないはずです｝。

(4) A：このクッキー、おいしいでしょ。もっと食べてよ。
　　B：おいしいからといって、いくらでも食べられる{とはかぎらない・わけではない}よ。
(5) 運動が体にいい{とはかぎらない・わけではない}。
(6) 目上の人に失礼な言い方をする{ことはない・ものではない}。
(7) 天ぷらを揚げているときに火がついたら、水をかける{の・わけ}ではなく、布をかけたほうがいい。

5．適切なほうを選んでください。
(1) 誰も傘をさしてないから、雨はもう止んだ{だろう・のだろう}。
(2) 直接見たのは私だから、彼に説明させるより私が話したほうがよかった{らしい・ようだ}。
(3) 予習をしないで授業に出ることがある。そういうときは、次は自分が当てられる{ではないか・のではないか}とずっとどきどきしている。
(4) 想像力は使わないと確実に衰えるものだ。これは、ちょうど、筋肉が使わないと衰えることに似ていない{だろうか・のだろうか}。
(5) 人はどんな理由でどろぼうをするようになる{だろうか・のだろうか}。生まれたときからどろぼうという人はいない{よう・はず}だから、それぞれ事情がある{べきだ・にちがいない}。
(6) 運もあるから、もしかすると私も試験に受かってしまう{かもしれない・恐れがある}。
(7) 図書館で借りずに自分で本を買う利点は、見たいときにいつでも{見える・見られる}ことだ。
(8) 中が{見える・見られる}ボールペンを考えついた人はすごい。
(9) 住所が変わったから、役所に届け{るべきだ・なければならない}。これから行ってくる。
(10) 死刑を残す{べきだ・はずだ}と考える人はだんだん少なくなっている。
(11) 登山中は、呼吸することによっても水分を消費するから、大量に水分を補給{しなければならない・せざるを得ない}。
(12) 早すぎる友人の死に、人生の無常について考え{なければならなかった・ずにはいられなかった}。

6．下から適切な語を選んで（　　　）に入れてください。なお、同じ語は2回以上使わないでください。

> そう、こと、はず、べき、わけ、よう

(1) 混んだ電車から降りるときには、黙って体で人を押しのけるのではなく、「すみません」ぐらい言う（　　　）だ。

(2) A：資料が足りないんですが。
　　B：人数分コピーしましたから、ある（　　　）です。

(3) この故障はすぐに直せるから、心配する（　　　）はない。

(4) ここまで壊したら直し（　　　）がない。

(5) おなかがすいて今にも死に（　　　）だ。

(6) A：お花見しない？
　　B：明日までにレポート10枚なんだ。行ける（　　　）がない。

7．｛　　　｝内から適切なほうを選んでください。

(1) こんなこともあった。（4歳のすみれちゃんが）亡くなった翌春、すみれちゃんの部屋の窓の下に、カボチャのつるを発見した。コンポストに捨てた種が堆肥の中で眠っていて、そこに運ばれて目を覚ました｛a．だろう・のだろう｝。「すみれと食べたカボチャ｛b．のはずだ・に違いない｝！」夏になると実がなった。けれど、秋になってもそれは「人間で言えば4歳ぐらい」の大きさのままだった。「やっぱりこれはすみれカボチャだねえ」。

(朝日新聞2003.2.1)　＊（　　　）は問題制作者により加筆

(2) 自分の力でやればよいのだ、と私はまた思った。自分が韓国へ行けばよい。どのようにコンタクトをとればいいのか見当もつかないが、しかし、行けば何とかなる｛a．だろう・のだろう｝。そうだ韓国へ｛b．行こう・行くつもりだ｝。そう考えつくと急に気持が楽になった。

(沢木耕太郎『一瞬の夏』新潮社)

(3) 火事騒ぎから三日たった。
　　純子は家へ帰り着くと、靴を脱ぎながら、見慣れない靴が二足——それもあまり上等とは言い｛a．かねる・かねない｝男物——並んでいるのに気付いた。
　　父の客にしてはちょっと変だな、と思いながら玄関から上がると、母親が何やらあわてた様子で出て来た。（中略）
　「お前、何かやらかしたんじゃないんだろうね？」

「よしてよ。私が信じられないの？」
「お前ならやり{ b．かねる・かねない }から……」
　これでも親かね！カチンと来て、純子は仏頂面で客間へ入って行った。

(赤川次郎『女社長に乾杯』新潮社)

(4) 目盛りは73.5キロのあたりで上下した。それを見ていた立会人は、こともなげに言い放った。「ああ、こりゃ駄目だ。これじゃ試合はできないよ。79はないと許可できないね」
　つまり、ライトヘビー級の上限である79.38キロを超えなければ、ヘビー級として試合を成立させる{ a．わけではない・わけにはいかない }というのだ。意外な展開に、計量室の中は静まり返った。ここまできて試合ができないとは何ということだろう。体重が多すぎて試合が流れるということは{ b．ありうる・ありえない }が、少なすぎてできないなどということがあるのだろうか。(中略)どうして体重に下限があるということを、プロモーターは徹底しておいてくれなかった{ c．だろう・のだろう }。私の思いは内藤にも共通のものに違いなかった。

(沢木耕太郎『一瞬の夏』新潮社)

8．下から適切な語を選んで（　　　　　）に入れてください。なお、同じ語は２回以上使わないでください。

> まい、そう、よう、らしい、つもり、ようがない、
> とはかぎらない、ものではない、わけではない

(1) ＪＲ山陽新幹線の小倉―博多間でのトンネル事故には驚いた。「ひかり」の屋根がめくれ上がった写真を見て、人身事故が起こらなかったのは奇跡としか言い（　　　　　　　）思いがした。(毎日新聞1990.7.7「みんなの広場」天野博行氏の投書より)

(2) 主任は、大きな茶碗を指でかこって言った。
　「佐山は、あのとおり××課の課長補佐として実務に通じていたから、まるきり安田と交渉がない（①　　　　　　）。が、今まで調べたところでは、役人と出入り商人という関係を出ない（②　　　　　　）だ。裏で特殊な結びつきがあったという事実は、まだ浮んでこないのだ」

(松本清張『点と線』新潮社)

(3) 「では、どうも。ぼくは明日の夜行で発ちます」
　　加藤は店を出ようとした。
　「おいおい加藤君、あまりひとをからかう（①　　　　　）。明日発つのか、冬だというからおれは、一月か二月と思っていた。十一月のなかばならば、それほど危険なこともある（②　　　　　）」
　「いや、行くのは一月です。今度のは、偵察山行です。一応、厳冬期に通る道を、歩いて来る（③　　　　　）です」

（新田次郎『孤高の人』新潮社）

(4) 地理の教師は、黒板の前にかけてある世界地図の上を、ムチでさしながら、「ここは、どこですか。」と、ことさら意味ありげに、ぐっと教室を見わたした。
　「日本です。」
　「日本です。」
　生徒は、いっせいに、答えた。
　「そうだ。日本だ。これが日本であることは、日本人は、だれでも知っている。これを知らない日本人は、ひとりもない。しかし、日本人が知っているからと言って、世界じゅうの者が、知っている（　　　　　）のである。」

（山本有三『新版　路傍の石』新潮社）

☕ちょっと一息 ⑦

強い否定になる二重否定

否定の「ない」が２回続いて「～ない～ない」となると、断定を避けて弱くなりますが、反対に強く述べる力を持つこともあります。

1．一休さんを知らない日本人はいない。
　　＝日本人はみんな一休さんを知っている
2．私はコーヒーが大好きなので、コーヒーを飲まない日はありません。
　　＝毎日コーヒーを飲む

否定的な語の場合も同様です。

3．カレーが嫌いな子どもはいないだろう。
　　＝子どもはみんなカレーが好きだ

Ⅱ 終助詞

ウォームアップ

A．次の文には終助詞（ね、よ等）があったほうがいいですか、ないほうがいいですか。
1．A：辞書持ってたら貸してくれる？
　　B：いい｛要・不要｝。
2．先生：李さんはどこに住んでるの。
　　学生：国分寺です｛要・不要｝。
　　先生：じゃあ大学に近くて便利です｛要・不要｝。
　　学生：ええ、歩いても15分です｛要・不要｝。

B．話し手は、次のどれに当たりますか。答は1つとは限りません。
　　　　①男性　目上→目下　②男性　目下→目上　③男性　聞き手と同等
　　　　④女性　目上→目下　⑤女性　目下→目上　⑥女性　聞き手と同等
例　元気だね。（①③④⑥）
1．じゃあまたあしたね。（　　　　）
2．鎌倉っていいところですね。（　　　　）
3．遠慮しないで、入れよ。（　　　　）
4．A：これ本物？
　　B：らしいな。（　　　　）
5．ちょっと、ちょっと、うるさいわよ。（　　　　）

> 日本語の会話文では、主語は特に必要なときしか言わない。しかし、終助詞があると、その文は男性が言っているのか、女性が言っているのか、さらに、話し手と聞き手の年齢の上下、上下関係、親しさ、どちらが話の内容をよく知っているかなどを示すことができる。

参考：終助詞の男女使用比率

男性　　　　　　　　　　　　　　　　　　　　　　　　　　女性

ぜ	普通形＋かな	よ	よね	わ
ぞ	さ	ね	かしら
もんな		かな	わね
よな		の（理由）	わよ
		の（疑問）	

1. 一般的な終助詞の意味と機能

(1)「ね」

● 「ね」..

問1-1 文の終わりに「ね」があったほうがいいですか、ないほうがいいですか。

a．＜自己紹介で＞私は貿易会社に勤めています｛要・不要｝。
b．＜相手のコートを見て＞きれいなコートです｛要・不要｝。
c．＜近所の人と会って＞今日はいい天気です｛要・不要｝。

★a、b、cの違い
　a：話し手の個人的なことなので、聞き手は｛知っている・知らない｝。
　b：聞き手の様子なので、話し手も聞き手も｛わかっている・知らない｝。
　c：客観的なことがらなので、話し手も聞き手も｛わかっている・知らない｝。
　　→「ね」は、話し手も聞き手もわかっていることについて使う。

問1-2 意味がどう違いますか。

a．彼は北京出身です。
b．彼は北京出身ですか。
c．彼は北京出身ですね。

★a、b、cの違い
　a：聞き手が｛知っている・知らない｝ことについて説明する。
　b：聞き手が｛知っている・知らない｝ことについて質問する。
　c：聞き手のほうが｛知っている・知らない｝と思われることについて、話し手が聞き手に確認する。同意を求める。

問1-3 文の終わりに「ね」があったほうがいいですか、ないほうがいいですか。

1．私は昨日田中さんにお会いしました｛要・不要｝。
2．田中さんどうしたんでしょう、遅いです｛要・不要｝。
3．鈴木：1時に予約した鈴木なんですけど。
　　案内係：鈴木様です｛要・不要｝。どうぞこちらへ。
4．A：もう帰るの？
　　B：うん、帰る｛要・不要｝。

5．A：お住まいはどちらですか。
　　B：中野です｛要・不要｝。
6．A：すいません、山中眼科ってどこかわかりますか。
　　B：あそこに大きな赤いビルが見えます｛要・不要｝。あの２階です。

> 「ね」を使うとき：聞き手の様子、話し手・聞き手ともわかっていること
> 　　　　　　　　　がら。
> 「ね」が使えないとき：聞き手が知らないこと。たとえば、話し手の個人
> 　　　　　　　　　　的な情報（住所、勤務先、兄弟の数、昨日したこ
> 　　　　　　　　　　となど）、話し手の意志。

練習1　文の終わりに「ね」があったほうがいいですか、ないほうがいいですか。

1．A：毎日よく雨が降ります｛要・不要｝。
　　B：そうです｛要・不要｝。
2．A：ヤンさんは、日本語がお上手です｛要・不要｝。
　　ヤン：いえ、まだまだです。
3．＜手紙＞
　　毎日寒い日が続きます｛a．要・不要｝。いかがお過ごしですか。
　　去年の今頃いっしょに紅葉を見に山へ行きました｛b．要・不要｝。覚えていらっしゃいますか。今年も山の方では紅葉が始まっているそうです｛c．要・不要｝。もし都合が合えば、また山へ行きたいと思っています｛d．要・不要｝。
4．＜日記＞
　　毎日寒い｛a．要・不要｝。去年の今頃紅葉を見に山へ行った。とてもきれいだった｛b．要・不要｝。今年も行きたい｛c．要・不要｝。
5．外国人：昨日初めて鎌倉へ行ったんですが、鎌倉っていいところです｛要・不要｝。
　　日本人：そうです｛要・不要｝。

● 「やわらげ」の「ね」..

問2　意味合いがどう違いますか。

1．a．これ、コピーしてきて、急いで。
　　b．これ、コピーしてきて、急いでね。

2．すいません、今日の会議は何時からですか。
　　…a．2時です。
　　　b．2時ですね。
★a、bの違い
　1、2とも聞き手は話し手の話す内容について{知っている・知らない}。
しかし、「ね」を使ったbのほうがaよりやさしい感じを与える。

> 命令、指示、教えるときに「ね」を使うと、相手が知らないことを強調せず、やさしい感じを与える。ただし、相手に配慮する必要がないときは「ね」を使わない。

練習2　「ね」が使えますか。
1．部長：応接室にコーヒー3つ持ってきて{可・不可}。
　　部下：はい。
2．けが人だ！早く、早く救急車を呼んで{可・不可}。
3．A：すいません、9Bの会議室ってどこでしょうか。
　　B：それはとなりの建物です{可・不可}。

(2)「よ」

●「よ」……………………………………………………………………………………

問3-1　文の終わりに「よ」があったほうがいいですか、ないほうがいいですか。
1．A：どの本がいいでしょうか？
　　B：この本がおもしろいです{要・不要}。
2．＜前を歩いている人に＞あ、何か落ちました{要・不要}。

> ❖「よ」を使うとき
> 話し手は話の内容について{知っている・知らない}。
> 聞き手は話の内容について{知っている・知らない}。
> →「よ」は、聞き手が知らないこと、気がついていないことを、知らせる、気づかせる。

問3-2 下線部の意味は、どう違いますか。

1. 夫：さあ、出かけよう。
   妻：ちょっと<u>待って</u>。
   ＜10分後＞
   夫：もういいだろう、行くよ。
   妻：ちょっと<u>待ってよ</u>、気が短いんだから。
2. a．女性：東京に<u>何時に着いたの</u>。
   b．女性：東京に<u>何時に着いたのよ</u>。着いたらすぐ連絡してって言っておいたでしょ。

> 依頼文の「よ」、疑問詞のある疑問文の「よ」は、非難、反発を表す。

練習3 文の終わりに「よ」があったほうがいいですか、ないほうがいいですか。
1. 家のそばにコスモスの花がたくさん咲いているんだ。きれいだ｛要・不要｝。
2. A：このところ毎日すごい暑さだ｛要・不要｝。
   B：そうだね。
3. A：だれかフランス語の上手な人知りませんか。
   B：図書館で働いている田中さんが上手です｛要・不要｝。

● 「ね」と「よ」……………………………………………………………

問4 どう違いますか。
1. A：京都は、いいところです<u>ね</u>。
   B：私も大好きです。
2. A：京都は、いいところです<u>よ</u>。
   B：そうですか。一度行ってみたいと思っています。

★1、2の違い
　1.「ね」話し手は話の内容について｛知っている・知らない｝。
　　　　　　聞き手は話の内容について｛知っている・知らない｝。
　2.「よ」話し手は話の内容について｛知っている・知らない｝。
　　　　　　聞き手は話の内容について｛知っている・知らない｝。

> 「よ」は、{話し手・聞き手}が知らない場合に使うので、聞き手に対して「私のほうがあなたより知っている」という意味になる。だから、使い方に気をつける必要がある。
> 「よ」が使えない場合：聞き手のこと、聞き手のほうが知っていること。

練習4-1 「ね」と「よ」とどちらが適切ですか。
1．＜いっしょに景色を見ながら＞いいところです｛ね・よ｝。
2．鈴木：田中さん、元気？
　　田中：元気だ｛ね・よ｝。
3．このケーキ食べてみて、おいしい｛ね・よ｝。
4．＜日本人の家に食事によばれて＞外国人：これ、おいしいです｛ね・よ｝。
5．A：どうして人がこんなにたくさんいるの？
　　B：事故があったそうだ｛ね・よ｝。

練習4-2 「ね」か「よ」を入れてください。
1．日本人：外国人は納豆が嫌いです（　　　）。
　　外国人：たまに好きな人もいます（　　　）。
2．＜Bさんが歌った後で＞
　　A：お上手です（　　　）。
　　B：いやいや、だめです（　　　）。

● 「よね」……………………………………………………………………………………

問5 どれが適切ですか。
1．男性1：今度の映画見た？
　　男性2：まだ見てないんだ。
　　男性1：すごくおもしろい｛よ・ね・よね｝。
2．＜映画館からA、B、Cの3人が出てきて＞
　　A：今の映画、おもしろかったね。
　　B：いや、ぼくはつまらなかった。
　　A：え？＜Cに向かって＞すごくおもしろかった｛よ・ね・よね｝。

Ⅱ　終助詞

> 複数の終助詞がいっしょに使われる場合、その意味はそれぞれの終助詞の持つ意味を含みつつ新しい意味になる。
> 「よね」：話し手が自分の意見を主張する「よ」＋同意を求める「ね」
> 　　　　→話し手が当然そうだと思っている自分の意見に聞き手の同意を求める。

練習5　どれが適切ですか。

1．A：納豆って好きじゃないな。
　　B：そう？　あたたかいごはんと一緒に食べると、すごくおいしいと思うけど。
　　A：＜Cに向かって＞まずい｛よ・ね・よね｝。
　　C：うん、ぼくも苦手だね。
2．A：大学院の試験どうだった？
　　B：受かった｛よ・ね・よね｝。
3．A：＜めがねを探しながら＞私、ゆうべ、めがね、ここに置いた｛よ・ね・よね｝。
　　B：そんなこと知らないよ。
4．娘：ここら辺で岡野っていうのは、うちぐらい｛よ・ね・よね｝。
　　母：どうしたの、突然。
　　娘：今そこであった人に聞かれたから。
5．A：その自転車、高そうだ｛よ・ね・よね｝。
　　B：うん、確かに高かった。

(3)「だろ／でしょ」

● 「だろ／でしょ」の意味

問6　次の会話文は意味がどう違いますか。

a：女性：田中さん、昨日来たでしょ。（上昇調↑）
　　男性：いや、来たかどうか知らない。僕は授業に出なかったから。
b：女性：このカレー、私が作ったの。おいしいでしょ。（下降調↓）
　　男性：うん、うまいね。

★a、bの違い
　a：聞き手に話し手の考えを｛確認する・押しつける｝。
　b：聞き手に話し手の考えを｛確認する・押しつける｝。

「＜天気予報＞明日は雨が降るでしょう。」「彼の考えは間違っているだろう。」のような「だろう／でしょう」は話し手がそのことがらに対して確信がないことを示す。一般に「推量」と呼ばれる。この場合には「だろ／でしょ」という短い形は使わない。

「田中さんは昨日来たでしょ。」のような｛書き言葉・会話｝でのみ用いられる「だろ／でしょ」のうち、疑問文と同じ上昇調（問6ａ）の「だろ／でしょ」↑は｛確認・押しつけ｝の意味合いが強く、下降調（ｂ）の「だろ／でしょ」↓は｛確認・押しつけ｝の意味合いが強い。

練習6 下線部分はどの意味を表していますか。

1．子：昨日、体操着、学校に持っていくの忘れて、困っちゃった。
　　親：だから、早めにカバンに入れておきなさいって、言ったでしょ↓。｛推量・確認・押しつけ｝
2．北海道はもう寒いでしょうね。｛推量・確認・押しつけ｝
3．女性１：会議は何曜だった？
　　女性２：えっと、今日が火曜でしょ、だから木曜ね。｛推量・確認・押しつけ｝

● 「だろ／でしょ」の形のバリエーション……………………………………

問7 次の会話文は、男性が言っていますか、女性が言っていますか。

1．山田：鈴木さん、昨日田中さんに会ったんでしょう。↓｛男性・女性・男女両方｝
　　鈴木：ええ。
2．山田：鈴木、本田さんのこと好きなんだろ。↑｛男性・女性・男女両方｝
　　鈴木：いえ、そんなことないです。

女性：でしょ、でしょう、でしょうか
男性：だろ、だろう、たろ（＝ただろう）、だろうか、でしょ、でしょう、でしょうか

練習7 （　　　）の中に「だろう」を適切な形にして入れてください。

1．男性1：先週、マリナーズの試合があった（　　　　）↑。
　　男性2：うん、あったね。
2．男性：このネクタイかっこいい（　　　　）↓。イタリアの友達にもらったんだ。
3．女性：このブラウスいい（　　　　）↓。バーゲンで買ったんだけど、もとはすごく高かったのよ。

● 「だろ／でしょ」と「よね」……………………………………………………………

問8 1が「でしょ」「よね」の両方が使え、2は「よね」しか使えないのはなぜですか。

1．A：私の彼、服のセンスいい｛でしょ／よね｝。
　　B：まあね。
2．A：向こうのテーブルに座っている人、洋服のセンスいいよね。
　　B：そうだね。

★「でしょ」は話し手・聞き手が｛すでに知っている・これまで知らなかった｝ことがらについて用いる。

> ｛でしょ・よね｝は聞き手の意識にないことを気づかせ同意を求める。
> ｛でしょ・よね｝は聞き手がすでに知っていることを確認する。

練習8 下線部を「でしょ」に置き換えられるのはどれですか。

1．A：あのときごちそうになったのは、すき焼きだった<u>よね</u>。｛可・不可｝
　　B：そう。
2．A：山田さん、亡くなったんだって。
　　B：え、本当？信じられない。
　　A：人間て、いつ何が起こるかわからない<u>よね</u>。｛可・不可｝
3．A：今度の旅行、行く<u>よね</u>。｛可・不可｝
　　B：うん、そのつもり。

(4)「じゃない」

●「じゃない」の意味

問9 次のa〜cの文は、それぞれどういう意味ですか。

a．鯨は魚じゃない。↓
b．＜池の中を見ながら＞
　　ねえ見て。あそこにいるの、あれ魚じゃない。（上昇調↑）
c．＜池の中を見ながら＞
　　A：あれ草？
　　B：何言ってるの。魚じゃない。（下降調↓）

★a、b、cの違い
　a：｛否定・確認・反論｝
　b：聞き手に｛確認・反論｝している。否定疑問。魚かどうか分からないが、多分
　　魚だと思っている。
　c：聞き手の考えに驚いたり、｛否定・反論｝する。当然魚だと思っている。

> 上昇調の「じゃない」は｛確認・反論／驚き｝の意味合いが強く、下降調の「じゃない」は、｛確認・反論／驚き｝の意味合いが強い。

練習9 次の「じゃない」のイントネーションは、上昇調（↑）、下降調（↓）のどちらが適切ですか。どちらも可能な場合もあります。

1．＜Bさんのアパートに初めて行って＞
　　A：わあ、すてきな眺め。
　　B：そう？　でも狭いんだよ。
　　A：部屋も新しいし、眺めもよくて、いいアパートじゃない。｛↑・↓｝
2．A：どのケーキ買おうか。
　　B：これ、おいしそうじゃない。｛↑・↓｝
3．＜ぶつかりそうになった自転車に＞
　　A：危ないじゃない。｛↑・↓｝
　　B：すいません。
4．A：私のペン知らない？
　　B：知らない。カバンの中じゃない。｛↑・↓｝
5．田中：佐藤さん、宝くじに当たったんですって。

鈴木：へえ、すごいじゃない。｛↑・↓｝
6．妻：人に向かって咳をしないでよ。
　　夫：君だっていつもしてるじゃない。｛↑・↓｝

● 「じゃない」の形のバリエーション……………………………………………………

問10 次の会話文は、男性が言っていますか、女性が言っていますか。
1．田中：さあ、早く、早く。
　　橋本：あせらせるから、失敗しちゃったじゃないか。↓｛男性・女性・男女両方｝
2．斉藤：さあ、5時だ。家へ帰ろう。
　　高橋：えっ、昨日いっしょに飲もうって約束したじゃん。↓｛男性・女性・男女両方｝

> 「じゃない」の形には「じゃないか」「ではないか」「じゃん」「じゃんか」「じゃないですか」「ではないですか」「ではありませんか」等がある。ただし、この中で普通形に「か」がつくのは男性の表現。（P.68参照）

練習10 次の会話文は、男性が言っていますか、女性が言っていますか。
1．田中さん、病気なんじゃない。最近全然会わないけど。｛男性・女性・男女両方｝
2．遅かったじゃないか。｛男性・女性・男女両方｝

● 「じゃない」と「｛の／ん｝じゃない」……………………………………………………

問11 どちらが適切ですか。どちらもいい場合もあります。
1．A：クレジットカード作るのに身分証明書が必要｛じゃない・なんじゃない｝↑。
　　B：そうだろうね。
2．A：このままだと、地球温暖化はもっとひどくなる｛じゃない・んじゃない｝↑。
　　B：ぼくもそう思う。
3．＜北海道の人に電話して＞
　　北海道はもう寒い｛じゃない・んじゃない｝↑。

> 「確認」の「じゃない」は、イントネーションが上がる。述語が動詞・イ形容詞の場合、「の」が｛つく・つかない｝。述語が名詞・ナ形容詞の場合は「の」がついてもつかなくてもいい。

練習11　どちらが適切ですか。どちらもいい場合もあります。
1．A：向こうから来るの、田中さん｛じゃない・なんじゃない｝↑。
　　B：そうみたいね。
2．今、デパートはセールをやってる｛じゃない・んじゃない｝↑。

問12　どちらが適切ですか。どちらもいい場合もあります。
1．A：計算、終わりました。
　　B：この計算、間違ってる｛じゃないか・んじゃないか｝↓。直しておいて。
2．A：勝手に人のを使ったの？
　　B：いい｛じゃん・んじゃん｝↓。
3．A：私が言ったように、証明書もらうには身分証明書が必要｛じゃない・なんじゃない｝↓。
　　B：そうだね。

「反論」の「じゃない」は、イントネーションが下がる。この場合は、述語が動詞・イ形容詞でも、「の」は｛つく・つかない｝。述語が名詞・ナ形容詞の場合は「の」がついてもつかなくてもいい。「よ」に近い。

練習12-1　次の文は、「じゃない」の前に「の／ん」が必要ですか。
1．その部屋暑い（　　　　）じゃない↑。他の部屋を使おう。｛要・不要・両方可｝
2．この部屋暑い（　　　　）じゃない↓。なんで窓を開けないの。｛要・不要・両方可｝
3．この漢字、間違ってる（　　　　）じゃない↓。早く直して。｛要・不要・両方可｝
4．A：赤のボールペンがなくて困っちゃった。
　　B：戸棚の中にある（　　　　）じゃない↑。｛要・不要・両方可｝
　　A：ほんと。あった。ありがとう。
5．A：困った。ボールペンがない。
　　B：ボールペンがないって、ポケットに入ってる（　　　　）じゃない↓。
　　　｛要・不要・両方可｝

練習12-2 どちらが適切ですか。どちらもいい場合もあります。
1．A：最近食欲がないんだ。
　　B：病院で一度みてもらったほうが｛いいじゃない・いいんじゃない｝。
2．A：奨学金申し込んでも通らないよね。
　　B：申し込むだけ申し込んでみたら｛いいじゃない・いいんじゃない｝。
3．A：明日の旅行参加できそうもないんだ。
　　B：だったら早く連絡したほうが｛いいじゃない・いいんじゃない｝。

問13 次の「ないじゃない」を含む文は、どんな意味を表していますか。
1．女性：へえ、5本指のソックス。はじめて見た。
　　男性：こんなの、めずらしくないじゃない↓。
　　意味：男性はこのソックスは｛めずらしい・めずらしくない｝と思っている。
2．男性：電気のスイッチどこかな。
　　女性：これじゃない↑。
　　男性：つかないよ。これは、電気じゃないじゃない↓、暖房だよ。
　　意味：男性はこれは電気のスイッチ｛である・ではない｝と思っている。

「否定文＋「じゃない」」も、「反論」を表す。「よ」に近い。

練習13 次の「ないじゃない」を含む文は、どんな意味を表していますか。
1．そんなことを言ってたら、いつまでもできないじゃないか。
　　意味：話し手は｛いつかできる・いつまでもできない｝と思っている。
2．この小説、つまらなくないじゃない。
　　意味：話し手はこの小説を｛つまらない・つまらなくない｝と思っている。

●**書き言葉の「のではないか」**……………………………

問14-1 次の文は意味がどう違いますか。
a．理科系の学生で、環境を研究テーマにする者が多いと言う。おそらく環境問題は今もっとも注目されている分野なのだ。
b．理科系の学生で、環境を研究テーマにする者が多いと言う。おそらく環境問題は今もっとも注目されている分野なのではないか。
★a、bの違い
　　aは主張を｛言い切り・やわらげ｝、bは主張を｛言い切る・やわらげる｝。

> 「のではないか」は、「のだ」と言っていいところで、その主張の仕方を｛強める・やわらげる｝言い方である。

問14-2 次のa、bは意味が違いますか。違う場合は、どう違いますか。
1　a．人口の減少が進んでいるのに減税するのはおかしい<u>ではないか</u>。
　　b．人口の減少が進んでいるのに減税するのはおかしい<u>のではないか</u>。
2　a．問われているのは便利で快適な社会か、不便でも環境にやさしい社会かの選択<u>ではないか</u>。
　　b．問われているのは便利で快適な社会か、不便でも環境にやさしい社会かの選択<u>なのではないか</u>。

★1のa、b（述語が動詞・イ形容詞の場合）は、文の内容が｛同じだ・異なる｝が、2のa、b（述語が名詞・ナ形容詞の場合）は、文の内容が｛同じである・異なる｝。述語が動詞・イ形容詞の場合、「ではないか」は｛反論・主張のやわらげ｝を表し、「のではないか」は｛反論・主張のやわらげ｝を表す。

> 書き言葉（下降調）では、話し言葉と違って、述語が動詞・イ形容詞の場合も「の」が｛つきうる・つかない｝。話し言葉の下降調は反論の意味だが、書き言葉の「のではないか」は主張をやわらげる働きをする。

練習14　どちらが適切ですか。どちらもいい場合もあります。
1．電車の中で観察していると、本を読むより漫画を読む人のほうが多い｛ではないか・のではないか｝と思う。
2．各国政府の足並みがそろわないことが、環境問題を加速している原因の一つ｛ではないか・なのではないか｝。
3．文科省は、受験生の数は昨年とそれほど変わらない｛ではないか・のではないか｝と見ている。
4．米生産のあり方は、食糧問題だけでなく、環境問題、地方のあり方など、総合的な視野で考える段階に来た。先送りせずに、消費者も入っていっしょに議論すべき時｛ではないか・なのではないか｝。

Ⅱ 終助詞

● 「だろ／でしょ」と「じゃない」……………………………………………………………

問15-1 「だろ／でしょ」「じゃない」のどちらが適切ですか。
1．私の入れたコーヒー、おいしい｛でしょ・んじゃない｝↑。
2．佐藤：田中さん、もしかして私たちが昨日頼んだこと、忘れている｛でしょ・んじゃない｝↑。
　　ヤン：そうみたいだね。注意しておこう。
3．男性：今日は決めてるね。
　　女性：｛でしょ・じゃない｝↑。

> 「だろ／でしょ」「じゃない」が上昇調の場合は、どちらも「確認」を表す。しかし、「だろ／でしょ」は、話し手は話の内容について｛確信しながら・確信がないまま｝確認し、「じゃない」は、話し手は話の内容について｛確信しながら・確信がないまま｝確認する。述語が前に来ない使い方は｛だろ／でしょ・じゃない｝だけにある。

問15-2 次の「だろ／でしょ」「じゃない」はどんな働きをしていますか。
1．あそこに歩道橋が見える<u>だろ</u>↑。晴れた日は、あそこから富士山が見えるんだ。
2．女性：私たちのクラスに中村って子いた<u>じゃない</u>↑。
　　男性：背が高かった？
　　女性：そう、彼、今モデルしているんだって。

> 「だろ／でしょ」「じゃない」には、話し手が聞き手の｛知らないこと・忘れていること／気づいていないこと｝を気づかせる用法がある。この場合のイントネーションは、上昇調が用いられる。

練習15 「だろ／でしょ」「じゃない」のどちらが適切ですか。どちらでもいい場合もあります。
1．鈴木：田中さん、今晩の集会に参加する｛でしょ・んじゃない｝↑。
　　田中：もちろん。
2．女性：ここを出たところに寿司屋がある｛でしょ・じゃない｝↑。
　　男性：そうだっけ。

女性：うん、あるのよ。あそこが今日開店一周年記念だって。
3．A：誰に聞いたらいいかな？
　　B：加藤さんがいい{でしょ・んじゃない}↑。よく知っていそうよ。
4．A：どうして服がすぐこんなに汚れるの。
　　B：どうせ僕が悪い{んだろ・んじゃない}↑。
5．A：景気が悪いね。
　　B：失業者はこれからもっと増える{んでしょ・んじゃない}↑。
6．A：そこに赤のボールペンがある{でしょ・じゃない}↑。取ってくれる？
　　B：これ？
　　A：そう、ありがと。
7．女性：今日のジャケットすてき。
　　男性：{だろ・じゃない}↑。イタリア製。

問16 「だろ／でしょ」「じゃない」のどちらが適切ですか。どちらもいい場合もあります。
1．彼の考え、おもしろい{でしょ・じゃない}↓。
2．君の考え、おもしろい{でしょ・じゃない}↓。

> 「だろ／でしょ」「じゃない」が下降調の場合
> 「だろ／でしょ」は、話し手・聞き手が{すでに知っている・その場で気づいた}ことについて用い、「じゃない」は、話し手・聞き手が{すでに知っている・その場で気づいた}ことについて用いる。「だろ／でしょ」は、話し手の考えを{確認する・押しつける}感じがあるので、聞き手のほうがよく知っているはずのことには用いない。

練習16 「だろ／でしょ」「じゃない」のどちらが適切ですか。どちらもいい場合もあります。
1．私のこのペン、おもしろい{でしょ・じゃない}↓。消しゴムで消せるのよ。
2．そのボールペン、おもしろい{でしょ・じゃない}↓。どこで売ってるの？
3．女性1：うわあ、おいしそうなクッキー。
　　女性2：たくさんある{でしょ・じゃない}↓。みんな私が作ったのよ。
4．A：おひさしぶりです。
　　B：具合悪いって聞いてたけど、元気そう{でしょ・じゃない}↓。

5．男性1：君、おにぎり4つも食ったの？
　　男性2：うん、俺、よく食べる{だろ・じゃない}↓。
6．A：会社、どこ？
　　B：○○商事。
　　A：すごい。一流企業{でしょ・じゃない}↓。
　　B：中は大したことないよ。
7．夫：ただいま。
　　妻：こんなに遅くなるのに、どうして電話をくれなかったの。
　　夫：ごめん。
　　妻：遅くなるときは電話ちょうだいって、いつも言ってる{でしょ・じゃない}↓。

☕ちょっと一息 ⑧

命令形＋「よ」

命令形に「よ」をつけると、話し手の感情表現が加わることで、命令の意味合いがやわらぐ。

1．A：ちょっと待て。
　　B：ちょっと待て<u>よ</u>。
2．A：君も飲め。
　　B：君も飲め<u>よ</u>。

いずれも男性が下の者、もしくは、親しい友人に使う。

2. 周辺的な終助詞の意味と機能

(1)「って」

問1-1 次の文は意味がどう違いますか。

a：田中さんは旅行に行かない。
b：田中さんは旅行に行かないって。
c：田中さんは旅行に行かないんだって。

★a、b、cの違い

　aは｛話し手・田中さん｝の意見、bは田中さんから｛直接・間接的｝に聞いた意見で、cは田中さんから｛直接・間接的｝に聞いた意見、あるいは田中さんについて｛直接・間接的｝に聞いた意見。

> 「って」は｛引用・伝聞｝を表し、「んだって」は引用あるいは伝聞を表す。

問1-2 次の文を「って」「んだって」のついた文に変えてください。どんな接続のルールがありますか。

1．加藤さんは明日は暇だ。→
2．あの映画はおもしろい。→
3．田中さんは、会社の寮に住んでいる。→
4．田中さんは、試験に受かった。→
5．加藤さんも、コンパに参加するつもりだ。→

> 名詞・ナ形容詞は「　　　」「　　　」、動詞・イ形容詞は「　　　」「　　　」の形で接続する。

練習1 次の文を「んだって」を使って伝聞を表す文に変えてください。

1．明日の授業は、休講だそうだ。→
2．新しくできたレストラン、安くておいしいそうだ。→
3．先輩は、この秋からタイの大学に留学するそうだ。→

(2)「っけ」

問2-1 次の文は意味がどう違いますか。
a：夏休みっていつから？
b：夏休みっていつからだっけ？
★a、bの違い
　aは｛知らないこと・記憶にあること｝を尋ねるのに対して、bは｛知らないこと・記憶にあること｝を尋ねる。

> 「っけ」は、話し手が、自分の記憶との一致を確認する。

問2-2 次の文を「っけ」のついた文に変えてください。どんな接続のルールがありますか。
1．佐藤さんは音楽が好き？→
2．あのレストランは高い？→
3．リーさんは、今、研究生？→
4．来週の旅行に参加する？→
5．リーさんはいつ日本に来たの？→

> 名詞・ナ形容詞は「　　　」「　　　　」、動詞の辞書形・イ形容詞は「　　　　」、動詞のタ形は「　　　」「　　　　」の形で接続する。

練習2 次の文を「っけ」を使って言い換えてください。
1．田中さんの電話番号を忘れた。→田中さんの電話番号、何番（　　　　　　）。
2．予約の変更にお金が必要か忘れた。→予約の変更にお金が（　　　　　　）。
3．田中さんが中野に住んでいるかどうか忘れた。→田中さん、中野に（　　　　）。
4．田中さんが明日忙しいかどうか忘れた。→田中さん、明日（　　　　　　）。
5．去年、この会議に出席したか忘れた。→去年、この会議に（　　　　　　）。

(3)「な／なあ」と「わ」

● **「な／なあ」の使い方と意味**……………………………………………………

問3-1 aとbは、どう違いますか。男性が言っていますか、女性が言っていますか。
a．手が空いている人、いない？
b．ここには手が空いている人、いないな。
★a、bの違い
　aは｛男性・女性・男女両方｝の｛質問・独り言｝で、bは｛男性・女性・男女両方｝の｛質問・独り言｝。

> 「な／なあ」は、特に聞き手の存在を考慮することなく、自分の気持ちを表すのに用いる。男性も女性も使う。

問3-2 「な／なあ」の前の述語（下線部）の共通点は何ですか。
彼の考え方は<u>好きだ</u>な。
海は<u>広い</u>な。<u>いい</u>なあ。
＜目の前でたくさん食べている人を見て＞よく<u>食べる</u>な。

> 「な／なあ」は｛性質や状態・動作や意志｝を表す述語の普通形が前に来る。名詞・ナ形容詞の場合は、「だ」が｛必要・不必要｝である。「な／なあ」によって、話し手の驚きを含む感情が外に示される。「なあ」のほうが「な」より感情が強く表される。

問3-3 a、bは、どう違いますか。男性が言っていますか、女性が言っていますか。
a．明日の会議は9時からだ。
b．明日の会議は9時からだな。
★a、bの違い
　bでは、話し手は聞き手へ確かめている。話し手は｛男性・女性｝である。

> 「な」を聞き手に向けて使うのは男性だけで、確認を表す。この場合は「な」が「なあ」とはならない。

練習3　「な」が入るのはどれですか。
1．＜電車を降りて＞田舎は、空気がいい（　　　）。
2．＜テレビでマラソンを見ている人に＞
　　男性：今、トップはどこを走ってる？
　　女性：四谷付近を走ってる（　　　）。
　　男性：もうそんなところ。速い（　　　）。
3．今日は朝から暇だ（　　　）。
4．男性1：昨日頼んだことはやってくれた（　　　）。
　　男性2：もうそこにおいてある（　　　）。
5．男性1：明日には必ず返す。
　　男性2：うそじゃない（　　　）。

● 「わ」の使い方と意味……………………………………………………………

問4　男性が言っていますか、女性が言っていますか。
1．このコンピュータ壊れてるわ。｛男性・女性｝
2．A：食べてみて。
　　B：おいしいわ。｛男性・女性｝
3．その話、感動的だわ。｛男性・女性｝
4．あの人、よくテレビに出る人だわ。｛男性・女性｝

「わ」は、動詞・イ形容詞の普通形に接続するが、名詞・ナ形容詞の場合は、「だ」が｛必要・不要｝である。女性が主張・意志・感情を和らげて伝え、表現に女性らしさが出るので、若い人は使わない傾向にある。特に聞き手の存在を考慮しない用法で女性が「わ」を用いる場合、男性は「な」を用いる。

練習4　「な」か「わ」を入れてください。男性が言っていますか、女性が言っていますか。
1．サイレンが鳴ってる。また、火事のようだ（　　　）。
2．いやねえ、火事だ（　　　）、サイレンが鳴ってる。
3．A：君のやったこと、間違っているとは言わないけど、よくはない（　　　）。
　　B：そんなことないと思う（　　　）。

●丁寧体を用いるとき……………………………………………………………………

問5 次の会話を丁寧体にすると、どうなりますか。
1．上司：これは、田中さんが書いた原稿だな。
　　部下：そうです。
　　→上司：これは、田中さんが書いた原稿です（　　　）。
2．先生：この電話番号は、合っているな。
　　学生：ええ、正しいです。
　　→先生：この電話番号は、合っています（　　　）。

> 「な」は、特に聞き手の存在を考慮しない終助詞なので、「丁寧体（です・ます体）」では用いない。「普通体（だ・である体）」が「丁寧体」になると、「な」は「丁寧形＋ね」に変わる。「わ」は「丁寧体」で使う女性もいるが、かなり気取った言い方になる。

練習5 「な」か「ね」か「わ」を入れて下さい。複数入る場合は違いを考えてください。
1．A：今日から6月です（　　　）。
　　B：雨が多くていやです（　　　）。
2．明日から試験期間だ（　　　）。いやだ（　　　）。

(4)「だ」

問6 次の会話は、男性が言っていますか、女性が言っていますか。
1．A：今日忙しい？
　　B：ううん、今日は暇だ。{男性・女性・どちらも可}
2．誰も来なくて、今日は暇ね。{男性・女性・どちらも可}
3．誰も来なくて、今日は暇だね。{男性・女性・どちらも可}
4．A：これ紅茶かな？
　　B：ううん、これは紅茶じゃなくてコーヒーだ。{男性・女性・どちらも可}
5．A：これ紅茶かな？
　　B：これは紅茶じゃなくてコーヒーよ。{男性・女性・どちらも可}
6．A：これ紅茶かな？
　　B：これは紅茶じゃなくてコーヒーだよ。{男性・女性・どちらも可}

7．A：これ紅茶かな？
　　B：これは紅茶じゃなくてコーヒーだわ。｛男性・女性・どちらも可｝

> 女性は、「だ」で文を言い切らない。普通は、名詞に直接終助詞を付けるか、「だ」に終助詞をつける。ただし、女性も、次のような｛会話・独り言｝では、「だ」を用いる。
> ①発見「あ、地震だ。」
> ②感情「今日はほんとに忙しい日だ。」
> ③思い当たり「あ、そうだ、牛乳を買わなきゃ。」
> この「だ」は「です」に｛置き換えられる・置き換えられない｝。

練習6 次の文は、男性が言っていますか、女性が言っていますか。
1．これは私からの命令だ。｛男性・女性・どちらも可｝
2．もう8時！大変だ。遅刻だ。｛男性・女性・どちらも可｝

(5) 否定形の同意要求

問7 次の文は、意味がどう違いますか。
a．二次会行かない？
b．これ安いと思わない？
★a、bの違い
　a文の否定形は｛誘い・同意要求｝を表し、b文の否定形は｛誘い・同意要求｝を表している。誘いを表す否定文の述語は｛動作・状態や感情｝を表すものが多く、同意要求を表す否定文の述語は｛動作・状態や感情｝を表すものが多い。

練習7 どんな意味を表していますか。
1．この部屋暑くない？
　　意味：話し手はこの部屋が｛暑い・暑くない｝と思っている。
2．この桃、甘すぎない？
　　意味：話し手はこの桃が｛甘すぎる・甘すぎない｝と思っている。
3．ここ、間違ってない？
　　意味：話し手はここが｛間違ってる・間違ってない｝と思っている。
4．アフリカへ行ってみたいと思わない？
　　意味：話し手はアフリカへ｛行ってみたい・行ってみたくない｝と思っている。

(6)「か」

●普通形＋「か」

問8-1 次の会話文は、男性が言っていますか、女性が言っていますか。
1．昼ご飯食べに行く？｛男性・女性・男女両方｝
2．昼ご飯食べに行くけど、いっしょに行くか？｛男性・女性・男女両方｝

> 普通体で「か」が使えるのは男性だけで、女性は「か」で文を言い切れない。疑問詞がある疑問文（例「いつ行く？」）では、男性も「か」を使わないのが普通である。丁寧体では男性も女性も「か」が使える。

問8-2 次の会話文は、男性が言っていますか、女性が言っていますか。
1．＜独り言＞もしかして明日は祝日か。｛男性・女性・男女両方｝
2．お茶でも飲もうか。｛男性・女性・男女両方｝

> 独り言と誘いかけの文では、普通体であっても｛男性・女性・男女両方｝が「か」を使う。

練習8 次の会話文は、男性が言っていますか、女性が言っていますか。
1．＜親→子＞おいしい？｛男性・女性・男女両方｝
2．今日は、水曜か？｛男性・女性・男女両方｝
3．みんなの分、払っておこうか。｛男性・女性・男女両方｝

●「か」と「の」

問9 次の会話文は、男性が言っていますか、女性が言っていますか。
1．A：出張はいつ行くの？｛男性・女性・男女両方｝
　　B：あさってから。
2．A：田中さんは1年生なの？｛男性・女性・男女両方｝
　　B：そうよ。

> 「の」は、疑問を表す。タ形・ナイ形・辞書形に接続し、意向形には接続しない。名詞・ナ形容詞は「なの」となる。男性も女性も使える。話し手の意志を表す文、丁寧体には普通使わない。
> 「の」には、ほかに説明の「のだ」の「だ」を省略した用法もあり、主に女性が用いる。

練習9 「か」と「(な)の」のどちらが適切ですか。

1．大丈夫です（　　　）、血が出てますよ。
2．男性：ちょっと休もう（　　　）。
3．女性：いったいどうやったらそんなに早く走れる（　　　）。
4．誰か私を訪ねて来ませんでした（　　　）。
5．コーヒーを注文したのは5人、僕を入れると6人（　　　）。
6．男性：一人で何考えてる（　　　）。
7．＜取り壊し作業をしている人に＞
　　女性：ここ、あと、どうなる（　　　）。マンションが建つ（　　　）。
8．男性：次の電車は、急行（　　　）。
　　女性：ううん、普通よ。
9．女性：あーあ、次の電車まで15分待ち（　　　）。
10．A：気分悪そうだね。
　　B：うん、ちょっと頭が痛い（　　　）。

● **「かな」**

問10 a、bは、どう違いますか。

a．A：彼、経済学部？
　　B：いや、商学部だよ。
b．A：彼、経済学部かな？
　　B：いや、商学部だろう。

★a、bの違い
　　aのAは{質問・自問}で、bのAは{質問・自問}の意味合いが強い。

> 「かな」は独り言でも用いられる。話し手が話の内容について不確かであることを示す。
> 普通形・名詞に接続する。

練習10 （　　）に「かな」が入りますか。

＜コーヒーを用意して＞

1．A：砂糖、入れる（　　）？
　　B：いや、いらない。
2．A：みんな、砂糖入れる（　　）？
　　B：わかんないから、用意して持っていったほうがいいんじゃない。

ちょっと一息 ⑨

終助詞の結びつき（1）「よな」

1．男性1：今日発表に当たっていた山田、今日になって休みだって。
　　男性2：え！　それはない<u>よな</u>。
2．男性：斉藤さんて、きれいだ<u>よな</u>。
3．男性1：鈴木の意見は間違っている<u>よな</u>。
　　男性2：うん、まったくおかしい<u>よな</u>。

「よな」：話し手が自分の意見を主張する「よ」＋感情を外に表す「な」／男性
　　　　　が確認を求める「な」

→男性の話し手が自分の意見に聞き手の共感を求める。女性は、この場合「よね」を使う。

3. 総合練習

1．次の文は女性が言っていますか、男性が言っていますか。
　　＜小さいパーティで＞
　　「おめでとう」「おめでとう」・・・
　　「ありがとう」
　　「みんなで田中を祝って乾杯しようよ。」｛a．男性・女性・男女両方｝
　　「乾杯」「乾杯」「乾杯」・・・・
　　「今夜は飲まないことにしたの」
　　「そう、無理に飲むことないわ。」｛b．男性・女性・男女両方｝
　　「何かあったの？　ちょっと顔色も悪いよ」｛c．男性・女性・男女両方｝
　　「大丈夫」
　　「相変わらず忙しいんだろ」｛d．男性・女性・男女両方｝
　　「有名人は大変だね」｛e．男性・女性・男女両方｝

2．（　　　）の中に適切な終助詞を入れてください。
　　男性：じゃあ、そろそろ失礼します。
　　女性：ちょっと待って。おいしいりんごがあるから持って帰って。
　　男性：え、うれしい（①　　　　）。りんご大好きなんです（②　　　　）。
　　女性：すぐ用意する（③　　　　）。

3．｛　　　　｝の中から適切な終助詞を選んでください。
⑴　＜娘の厚子が鳥かごに鳥がいないのを見つけてあわてている。良雄と英子は両親、しまは祖母。＞
　　厚子「いないの｛a．ね・よ｝、カナリアがいなくなっちゃったの｛b．ね・よ｝！」
　　良雄「いないったって、カナリアが一人でかごあけて出てくわけない｛c．ね・だろ｝」
　　厚子「だって、いま見たら、ここがあいて、いないんだもの」
　　戸があいているトリかご。
　　英子「(呟く) 猫がとったんじゃない｛d．か・の｝」
　　厚子「あっ！　おばあちゃんの猫」
　　しま「いいがかりはよして頂戴よ」
　　立っているしま。

三人「おばあちゃん」
しま「タマちゃん（猫）は、あたしの部屋で昼寝してます｛e．ね・よ｝。やだねえ、なんかあるとすぐ人のせいにするんだから」
厚子「そうじゃないけど」
しま「嘘だと思うんなら調べて頂戴｛f．だわ・よ｝」
良雄「お前がちゃんと桟（さん）かっとかなかったんだろ」
厚子「おかしい｛g．ね・なあ｝、ピー子（鳥）！」

(向田邦子「母上様・赤澤良雄」『蛇蠍のごとく』大和書房)

（注）桟（さん）かっとかなかった：（トリかごの）戸を閉めておかなかった

(2) ＜婦長に看護婦の岸本厚子が休暇届を出している＞
婦長「岸本さん"くに"はどこだ｛a．って・っけ｝」
厚子「長野です」
婦長「ああ、ぶどうと栗のお菓子がおいしいんだ」
厚子「また持ってきます」
婦長「ハンコハンコ（探しながら）お母さん、仕事してる｛b．の・か｝？」
厚子「うちで洋裁。リフォームですけど」
婦長「お直し」
厚子「婦長さんも何かあったら」
婦長「こう忙しくちゃ、これ（制服）脱いだら、すぐパジャマだもの」
厚子「ここ、七人じゃ無理です｛c．か・よね｝」
婦長、ハンコに息を吐きかけ、じわっと押しながら、
婦長「月曜には出てきて頂戴よ。朝からオペが入ってンだから」
厚子「ハイ。宅間さん、帰るまでに生まれる｛d．でしょ・かなあ｝」
婦長「生まれてくれなきゃ。あとがつかえてンだから困るわよ」

(向田邦子「びっくり箱」『蛇蠍のごとく』大和書房)

4. {　　　}の中から適切な終助詞を選んでください。
(1) パブロフの犬男

① ｛っけ・って｝
② ｛よ・ね｝
③ ｛な・よね｝
④ ｛よ・かな｝

(2) パパは何でも知っている   (3) 愛はハード

① ｛だろ・じゃない｝   ① ｛でしょ・じゃない｝
② ｛でしょ・じゃない｝

5. （　　）の中に適切な終助詞を入れてください。（　　）にひらがな1文字が入ります。

(1) 結果から見る　　　　　　　　(2) 社内恋愛

①（　　　）
②（　　　）（　　　）
③（　　　）（　　　）
④（　　　）
⑤（　　　）
⑥（　　　）

①（　　　）（　　　）
②（　　　）
③（　　　）（　　　）

ちょっと一息 ⑩

終助詞の結びつき (2) 「わね、わよ」

1. 女性：はじめて入った店だけど、この店のコーヒーおいしい｛わ／ね／わね／わよ｝。
   男性：うん、うまいね。
2. 妻：あなた今日顔色が悪い｛わ／ね／わね／わよ｝。
3. 私が作ったの、食べてみて、おいしい｛＊わ／＊ね／＊わね／わよ｝。
4. 女性１：じゃあ３時に駅前で待ってる｛わ／ね／わね／わよ｝。
   ３時でいい｛＊わ／ね／わね／＊わよ｝。
   女性２：いい｛わ／＊ね／＊わね／わよ｝。
5. 男性：このプログラムの使い方、よくわかんないんだけど。
   女性：田中さんに聞いたら、よく教えてくれる｛わ／＊ね／＊わね／わよ｝。
   　　　　　　　　　　　　　　（＊印は、不自然な使い方であることを示す。）

「わ」：自分の気持ちをやわらげて伝える。
「わね」：同意、確認を求める。
「わよ」：話し手の判断・気持ちを聞き手に伝える。

ちょっと一息 ⑪

疑問を表さない「か」

「か」には、疑問を表さない次のような用法もある。これらは、イントネーションが下がる。納得、禁止、質問のオウム返しを表す。

1. そう<u>か</u>。とうとうでき<u>か</u>。
2. そう<u>か</u>、これは押すんじゃなくて、まわすんだ。
3. 申し込みは三人に限る<u>か</u>。
4. 費用は千円<u>か</u>。
5. こら、やめない<u>か</u>。
6. A：私は反対。
   B：反対<u>か</u>、困ったな。

総合演習

1．質問に答えてください。
(1) 分科会では、（教師たちから）学校で行った実態調査の結果がいくつも報告されたが、それらによると、多くの子どもたちは、いじめがいいことだと思っている
{a．わけではない・わけにはいかない}。問われれば「悪いことだ」と答えている。にもかかわらず、{b．いじめざるをえない・いじめずにはいられない}。（中略）
　自分たちの目指すべきは、頭ごなしに、いじめをやめさせることではなく、子どもが背負わされているものの重さを的確につかみ、そこから抜け出せるよう助けてやることではないか。そう問いかける発言には、現場の実感がこもっていた。

（朝日新聞社説1986．1．23）＊（　　）は問題制作者により加筆

＜問１＞{　　　　}内から適切なものを選んでください。
＜問２＞下線部は誰の意見ですか。

(2) クブラ（久部良）の村での第一夜は、何事もなく過ぎた。もともと事件らしい事は起こり(ア)(　　　　　)もない所である。宿の外に出て辺りをくまなく歩いてみたが、二つ、三つのスナック・バーが灯を(イ)(　　　　　)ともしている他は、営業している店もない。周囲は闇である。（中略）
　暗闇を抜けて宿に戻ると、裸電球が一つぶら下がっただけの畳部屋が、静かな(ウ)(　　　　)のように見えた。その空虚な空間の中で、何かを(エ)(　　　　　)のも妙だが、結局は布団にもぐって寝るのはやめて、東京から持ってきた資料に当たって島のことを考えてみることにする。

（西江雅之「与那国島への旅」『体験としての異文化』岩波書店）

　（注）くまなく：隅々まですべて
　　　　灯をともす：明かりをつける

＜問１＞(ア)(　　　　)の中に適切な語を入れてください。
＜問２＞(イ)の(　　　　)に入れるのに最も適切な語を次の中から選んでください。
　　　a．寂しそうに　b．恥ずかしそうに　c．嬉しそうに

＜問３＞㈲の（　　　）に入れるのに最も適切な語を次の中から選んでください。
　　　　　ａ．海　ｂ．下宿　ｃ．空洞
＜問４＞㈱の（　　　）に入れるのに最も適切な語を次の中から選んでください。
　　　　　ａ．しなければならない　ｂ．しようとする　ｃ．するつもりな

(3)　私たちがこのままの暮らしを続ければ、孫やひ孫それ以後の世代からは「分かっていながら大量生産、大量消費、大量破壊を基盤にした物質的欲望を追い求めて、地球を私たちの住めない星にしてしまった。」と思われる｛ａ．でしょう・ようです｝。すでに物質的欲望を㈲（　　　　　　　）しなければいけない時代に入っているのに、欲望のままに生きることは、罪であり、自分の首を絞めることになります。でも、分かっていながら、（①　　　　　　）消費量は減りません。生態系の破壊も進んでいます。近年（②　　　　　　）成長とか（③　　　　　　　）成長になると、皆青くなります。しかし、これはせっかく生き延びてきた生命が長生きするため、人間がつつましい生活に戻るための（④　　　　　　　）だと思います。これからは経済成長よりも（③　　　　　　）成長でも、（①　　　　　　）をなるべく消費しないで、どうしたら人間が幸福になれるかを考えなければいけないと思っています。これは決して狩猟採集の生活に戻れと言っているのではありません。ほどほどの発展というものがあると思っています。このように言うと、経営難で自殺する零細企業の（⑤　　　　　　）、失業者、（⑥　　　　　　）は（③　　　　　　）成長では増え続ける｛ｂ．ではないか・のではないか｝？と反論があるかもしれません。採集狩猟の生活には戻れないが、彼ら（南米の先住民）の暮らしにおける安全保障の知恵を学ぶことはできる｛ｃ．つもり・はず｝です。競争によって限られた資源を奪い合う｛ｄ．の・わけ｝ではなく、助け合いの（⑦　　　　　　）によって相互扶助を重視した社会に㈲（　　　　　）して｛ｅ．いかなければなりません・いかざるをえません｝。

（関野吉晴「新しい時代の生き方」「一橋大学ニュース368」を若干加筆）

＜問１＞｛　　　｝から適切なほうを選んでください。
＜問２＞㈲の（　　　）に入れるのに最も適切な語を次の中から選んでください。
　　　　　ａ．忘却　ｂ．制御　ｃ．解放
＜問３＞㈲の（　　　）に入れるのに最も適切な語を次の中から選んでください。
　　　　　ａ．拡大　ｂ．縮小　ｃ．変換
＜問４＞①〜⑦の（　　　　）の中に下から適切なカタカナの言葉を選んで入れてください。同じ数字には同じ語が入ります。

> ゼロ、マイナス、エネルギー、オーナー、チャンス、ホームレス、ネットワーク

(4) あれから五年、彼と会うことはなかった。彼は私を覚えている｛だろうか・のだろうか｝。㋐忘れる（①　　　　　　　）と思う。だが、この五年間に、私は変わった。彼にわかるだろうか。わかると思う。しかし、㋑私が彼について書いた文章を読んでいたとしたら……。彼の拒絶を予感し、足が少し遅くなった。いや、そんな（②　　　　　　　　）。彼にはわかる（③　　　　　　　）。あれが彼に対する批難ではなく、私自身への苛立ちであったことが。それが理解できるくらい、彼は充分に頭のいい男の（④　　　　　　　）。

(沢木耕太郎『一瞬の夏』新潮社)

＜問１＞｛　　　　　｝から適切なほうを選んでください。
＜問２＞①から④の（　　　　　）に、「はずだ」を適切な形に変えて入れてください。
＜問３＞㋐の「忘れる」は、誰が誰を忘れるのですか。
＜問４＞㋑の「私が彼について書いた文章」はどんな内容だと考えられますか。

(5) ここで勘違いされやすいのが、「科学」についての考え方です。「そうはいうけど、科学の世界なら絶対がある（①　　　　　　　）でしょう」と思われる（②　　　　　　　　）。

　実際、統計をとった（③　　　　　　　）のですが、科学者のおそらく９割近くは「事実は科学の中に存在する」と信じている｛ではないか・のではないか｝と思います。一般の人となると、もっと科学を絶対的だと㋐（　　　　　　　）かもしれません。しかし、そんなことはまったく無い。

　例えば、最近では地球温暖化の原因は炭酸ガスの増加だ、というのがあたかも「科学的事実」であるかの（④　　　　　　　）言われています。この説を科学者はもちろん、官公庁も既に確定した㋑（　　　　　　　）のようにして、議論を進めている。ところが、これは単に一つの説に過ぎない。

(養老孟司『バカの壁』新潮社)

＜問１＞①〜④の（　　　　　）の中に下から適切な語を選んで入れてください。必要なら述語の形を変えてください。

> ようだ、はずだ、わけではない、かもしれません

＜問２＞｛　　　　　｝から適切なほうを選んでください。

<問3>㋐㋑の（　　　　）の中にそれぞれどういう言葉が入りますか。

(6)　<久保は山岳カメラマン。いい作品を撮るので、恵は尊敬している。>
　秋津と会った翌日、久保がひょっこりホテルへやってきた。
　フロントにいた恵はどきっとしたが、支配人に用があった（①　　　）、青木湖を見晴らすダイニングで一時間あまり話していた。
　その久保がホテルから帰ろうとしたとき、恵は久保を追って行った。(中略)
　「毎朝新聞の秋津さんが、久保さんの家へたずねて行きました？」
　恵は追いすがって、そうたずねた。(中略)
　たぶん、詰問する（②　　　）怖い顔になってるだろうと、恵は自分のはしたなさが恥ずかしかったが、
　「ああ。十日ほどまえにきました（ア　　）。林野庁の赤字が問題になっているが、山の写真を撮ってる立場からのコメントがほしいといって……」(中略)
　久保は気にする様子もなくこたえ、
　「それが、どうしましたか」
　と、たずね返した。
　「いいえ。どうということじゃないんですが、事件のまえに清原さんから源長寺のことを聞かれて、道をお教えしたんです。それが気になってて……」
　「気にすることはないでしょう。客に聞かれたら教えるのがあなたの役目なんだから……」
　「そうなんですけど、あれっきり捜査はすすまないようですし……」
　「そういえば、あれは変な事件です（イ　　）。犯人の手がかりがまったくないらしいですね」
　「犯人は歩いて逃げた（③　　　）んです。歩いて逃げたんですから千国のちかくのひとの（④　　　）のに、それらしいひとがいないそうなんです」
　話しながら恵はどきどきしていた。
　犯人は登山靴をはいていた。ということは、犯行のあと山へ逃げるためだった｛ではないか・のではないか｝。
　四月初旬、あの日は三日降りつづいた雨があがった日で、大町近辺は雨だったが、たかい山は雪だった（⑤　　　）。
　雪の山を夜、ひそかに逃げるのは、よほど冬山になれた人物でないと不可能ではないか。そう考えると、久保以外にそんなことのできる人物は考えられない。
　その疑惑と、久保がひとを殺すようなことをする（ウ　　　　）という気持ちが、恵の胸を揺らしている。

(木谷恭介『信濃塩の道殺人事件』徳間文庫)

(注) はしたなさ：品がないこと

＜問1＞①から⑤の（　　）に次の語を適切な形に変えて入れてください。（同じ語を2回以上使っても可。）

　　　　はずだ、ようだ、そうだ、らしい

＜問2＞{　　}から適切なほうを選んでください。
＜問3＞アイの（　　）の中にどういう終助詞が入りますか。
＜問4＞ウの（　　）の中にどういう言葉が入りますか。
＜問5＞恵がどきどきしていたのはなぜですか。

(7)　宮本は考えあぐねて、ひそかに浅見に電話して、状況を説明した。
　　「ほう、彼女は金沢で殺されたのですか！」
　　浅見はさすがに驚いた。
　　「それじゃ、捜査員はもう金沢に飛んでいるのです{ a．って・ね・よ }？」
　　「いや、それがじつは、まだなのです{ b．よ・ね・よね }」
　　「えっ？　まだ？　どうしてですか？」
　　浅見は信じられないと言わんばかりに、訊いた。
　　「というと、浅見さんも両方の事件に関連ありとお考えですか？」
　　「もちろんでしょう」{ c．↑　↓ }
　　浅見は呆れたように言った。
　　「即刻、金沢に捜査員を送って、先方と合同捜査に入る㋐（　　　）よ」
　　「でしょう？{ d．↑　↓ }　そうです{ e．よ・ね・よね }」

　　　　　　　　　　　　　　　　　　　　　　（内田康夫『金沢殺人事件』光文社）

＜問1＞{　　}から適切なほうを選んでください。複数可能な場合は、ニュアンスの違いも考えてください。
＜問2＞㋐の（　　）の中にどういう言葉が入りますか。

(8)　＜女性の主人公が京都で椿さんという女性に会い、お寺に案内される。＞
　　「日がのびました（①　　）」二人で縁に腰を下ろした。
　　「でも、まだまだ冬。一年の内で、冬が一番すいている（②　　）。貸し切りみたいで素敵（③　　）？」
　　「本当に」
　　龍安寺のような厳しさはない。波紋がそこから庭という制約の外にまで打ち広がって行く感じもない。ただ、ここは下界と違ったところ、完全に切り離された一つの

空間という気がした。

「龍安寺は一本も木を使わない。こちらは一つも石を置かない。向こうの石組が＜虎の児渡し＞で、こちらの苅込が＜獅子の児渡し＞です（④　　）」

「おくわしいです（⑤　　）」

　　（注）龍安寺：京都の古い寺。庭園が枯山水（砂と石で山水を表す）で有名。竜安寺とも書く。

（北村薫『冬のオペラ』角川書店）

＜問１＞（　　）の中に適切な終助詞を入れてください。

参考文献

本文を執筆するに当たり、以下の文献を参考にしました。

モダリティ

安達太郎（1999）『日本語疑問文における判断の諸相』くろしお出版

庵功雄・高梨信乃・中西久実子・山田敏弘（2001）『中上級を教える人のための日本語文法ハンドブック』スリーエーネットワーク

仁田義雄（1991）『日本語のモダリティと人称』ひつじ書房

寺村秀夫（1984）『日本語のシンタクスと意味Ⅱ』くろしお出版

益岡隆志（1991）『モダリティの文法』くろしお出版

宮崎和人・安達太郎・野田春美・高梨信乃（2002）『モダリティ』くろしお出版

宮島達夫・仁田義雄（編）（1995）『日本語類義表現の文法（上）（下）』くろしお出版

森山卓郎・安達太郎（1996）『日本語文法セルフマスターシリーズ6　文の述べ方』くろしお出版

終助詞

庵功雄（2001）『談話・テキストレベルの文法知識の習得を目的とした文法教材の開発』平成11〜12年度文部省科学研究助成金奨励研究（A）

伊豆原英子（1993）「終助詞「よ」「よね」「ね」の総合的考察　「よね」のコミュニケーション機能の考察を軸に」『名古屋大学日本語・日本文化論集』1

池田裕（1995）「終助詞と丁寧さ」『言語』24−11　大修館書店

井上優（1997）「もしもし、切符を落とされましたよ−終助詞「よ」を使うことの意味」『言語』26−2　大修館書店

上野田鶴子（1972）「終助詞とその周辺」『日本語教育』17

内田伸子（1993）「会話行動に見られる性差」『日本語学』12−6 臨時増刊号　明治書院

小川早百合（1997）「現代の若者言葉における文末表現の男女差」『日本語教育論文集−小出詞子先生退職記念』凡人社

北野浩章（1993）「日本語の終助詞「ね」の持つ基本的な機能について」『言語学研究』12　京都大学言語学研究会

神尾昭雄（1989）「情報のなわ張りの理論と日本語の特徴」『日本文法小事典』大修館書店

川口容子（1987）「まじり合う男女のことば−実態調査による現状」『言語生活』429

グループ・ジャマシイ（1998）『日本語文型辞典』くろしお出版

小泉保（1976）「女性の言葉」『言語』5－5　大修館書店

古座暁子（1989）「～か、～のか－会話文における場合－」『教育国語』97　むぎ書房

三枝令子（2001）「「だ」が使われるとき」『一橋大学留学生センター紀要』4

荘司育子（1992）「疑問文の成立に関する一考察－「－デス」という形式をめぐって－」『日本語・日本文化研究』2　大阪外国語大学

─── （1993）「疑問表現における文末の「ノ」」『STUDIUM』20　大阪外国語大学大学院

鈴木睦（1993）「女性語の本質－丁寧さ、発話行為の視点から－」『日本語学』12－6 臨時増刊号　明治書院

田野村忠温（1988）「否定疑問文小考」『国語学』152

陳常好（1987）「終助詞－話し手と聞き手の認識のギャップをうめるための文接辞－」『日本語学』6－10　明治書院

友松悦子・宮本淳・和栗雅子（1996）『どんな時どう使う日本語表現文型500中・上級』アルク

野田春美（1997）『の（だ）の機能』くろしお出版

蓮沼昭子（1995）「対話における確認行為「だろう」「じゃないか」「よね」の確認用法」『複文の研究（下）』くろしお出版

─── （1997）「終助詞「よ」の談話機能－その２－」『日本語教育論文集　小出詞子先生退職記念』凡人社

三上章（1987）復刊6版『現代語法序説』くろしお出版

三宅知宏（1997）「「愛だろ、愛っ。」－推量と確認要求」『言語』26－2　大修館書店

宮崎和人（1996）「確認要求表現と談話構造　「～ダロウ」と「～ジャナイカ」の比較」『岡山大学文学部紀要』25

森山卓郎（1989）「文の意味とイントネーション」『講座日本語と日本語教育』1巻　明治書院

山田准（1991）「終助詞の情報論的機能－「ワ」・「ヨ」・「ネ」とその複合形について－」『日本語・日本文化』17　大阪外国語大学

著者紹介

三枝令子　　専修大学　特任教授

中西久実子　京都外国語大学外国語学部日本語学科　教授

編集協力

庵　功雄　　一橋大学国際教育交流センター　教授

日本語文法演習

話し手の気持ちを表す表現―モダリティ・終助詞―

2003年10月10日　初版第1刷発行
2020年2月13日　第10刷　発行

著　者　　三枝令子　中西久実子
発行者　　藤嵜政子
発　行　　株式会社　スリーエーネットワーク
　　　　　〒102-0083　東京都千代田区麹町3丁目4番
　　　　　　　　　　　トラスティ麹町ビル2F
　　　　　電話　営業　03（5275）2722
　　　　　　　　編集　03（5275）2725
　　　　　https://www.3anet.co.jp/
印　刷　　松澤印刷株式会社

ISBN978-4-88319-281-6 C0081
落丁・乱丁本はお取替えいたします。
本書の全部または一部を無断で複写複製（コピー）することは著作権法上での例外を除き、禁じられています。

日本語文法演習
話し手の気持ちを表す表現ーモダリティ・終助詞ー

解答

I モダリティ

p. 2 ## ウォームアップ

A．1．a　2．b　3．a　4．b　5．b　6．b　7．a
B．1．○　2．×　3．○　4．×　5．○
C．①あまり行きたくないが行く義務がある
　　②行く意志がある
　　③行くことになっているが、「遅れる」「早めに帰る」などの条件を伴っている
　　④行くことが可能であるとその場で判断している

1. 断定を避ける

p. 4 (1)「と思う」「と考える」「と思われる」

問1　1．思います　2．思っていた　3．思っている　4．思う
練習1-1　1．思っている　2．思う　3．思う　4．思っている　5．思っている
練習1-2　1．私　2．両方　3．私
問2　1．考える　2．思います
練習2　1．考える　2．思う　3．考えている
問3　である　客観的

　　　消極的　客観的　書きことば

練習3　1．と思う　2．と思われる　3．と思う　4．と思われる

p. 6 (2)「Aないことはない」

問4　a．富士山がいつも部屋から見える。
　　　b．富士山が部屋から見えないとは言えないが、見えることが少ない。
練習4　1．（例）他の先生に頼んだほうがいいんじゃないでしょうか。
　　　　2．（例）バスは一日に2、3本しかないので不便ですよ。
　　　　3．（例）わざわざ映画館へ見に行くほどでもないです。

p. 7 (3)「AことはA」

問5　1．イ　2．ア　3．ウ
練習5　1．（例）休講だったのですぐ帰ってきた。
　　　　2．（例）まだあまり上手ではない
　　　　3．（例）仕事の内容は正確とは言えない

　　　　　　　　4．（例）肉、あまり好きではない

p. 7　(4)「わけではない」「とはかぎらない」

　　問6　　1．政治家になりたいと思っている　　2．中国語が上手な
　　練習6　1．（例）彼女と結婚したいと思っている
　　　　　　　2．（例）英語が上手に話せる
　　　　　　　3．（例）医者になりたいと思っている
　　　　　　　4．（例）日本語を勉強している、日本が好きな
　　問7　　1．b　2．c
　　練習7　1．（例）弁護士になりたいと思っている
　　　　　　　2．（例）この門、開いている
　　　　　　　3．（例）健康や食生活に気をつけている人、長生きする
　　問8　　1．わけではない　2．どちらも可　3．とはかぎらない
　　　　　　　4．わけではない　5．どちらも可　6．とはかぎらない
　　練習8　1．とはかぎらない→わけではない　2．○
　　　　　　　3．わけではない→とはかぎらない　4．とはかぎらない→わけではない
　　　　　　　5．○

2．否定

p. 10　(1)「のではない」

　　問1　　1．つけてない　2．つけたんじゃない
　　練習1　1．雨が降ったんじゃなく　2．帰るんじゃなく

p. 10　(2)「わけではない」

　　問2　　部分的に否定している

　　　　部分的に否定

　　練習2　1．嫌いなわけじゃない　2．安全性に疑問を感じています

p. 11　(3)「のではない」と「わけではない」

　　問3　　1．んじゃなくて　2．わけじゃない

　　　　否定する　は否定しない

　　練習3　1．んじゃなくて　2．わけじゃない　3．のではなく
　　　　　　　4．わけではない

3. 想像して述べる

p. 12 (1)「だろう（う、よう）」「まい」「のだろう」

問1　1．b　2．a　3．b　4．b

　　　書きことば　ない

練習1-1　1．言えよう　2．できよう　3．あろう
練習1-2　1．（例）20年後には日本の人口に占める老人の割合が非常に大きくなる
　　　　　2．（例）非婚化
　　　　　3．（例）昨日停電したの、電柱に雷が落ちたの

問2　1．b　2．b

　　　硬い

練習2　1．許さないだろう　2．許さないつもりだ／許さないだろう
　　　　3．ないだろう　4．しないつもりだ

問3　1．だろう　2．んだろう

練習3　1．んだろう　2．んだろう　3．だろう　4．んだろう

p. 14 (2)「だろうか」「のだろうか」

問4　わからない　心配、不安に思う

練習4　1．のだろうか　2．だろうか　3．のだろうか　4．のだろうか

問5　1a．と反論　1b．かもしれないと主張
　　　　2a．と反論／かもしれないと主張　2b．かもしれないと主張

練習5　1．のではないか　2．ではないか　3．のではないか
　　　　4．ではないか　5．のではないか

問6　弱い

　　　弱まる　じゃないでしょうか

練習6　1．ないか→ないだろうか　2．ないですか→ないでしょうか

p. 16 (3)「かもしれない」「恐れがある」「かねない」

問7　1．「恐れがある」と交換できる。（出場できない恐れがある）
　　　　2．「恐れがある」「かねない」と交換できる。（孤立してしまう恐れがある、孤立してしまいかねない）
　　　　3．できない

　　　　　　　　硬い

練習7　1．恐れがある　2．かもしれません　3．恐れがある

p.17　(4)「はずだ」
問8　1、3、4

　　　　　　　　確かな　話し手

練習8　1、2、4
問9　1．知らないはずです　2．できるはずがありません

　　　　　　　　強い

練習9　1．あるはずは／がない　2．いらっしゃらないはずです
　　　3．できるはずは／がない
問10　1．b　2．a
練習10　1．b　2．b　3．b
問11　1．かもしれない　2．はずはない

　　　　　　　　ある

練習11　1．はずはない　わけがない　2．かもしれない
　　　3．はずがない　わけがない

p.20　(5)「にちがいない」「に決まってる」
問12　1．ちがいない　2．決まっている
練習12　1．ちがいない　2．決まっている
問13　1．にちがいない　2．はずだ

　　　　　　　　確かな根拠　直感

練習13　1．はずだ　2．なはず　3．にちがいない　4．にちがいない

p.22　## 4．様子を述べる

問1　1．だろう　2．ようだ（みたいだ）　3．のよう
練習1　1．みたいだ　2．だろう　3．らしい　4．みたいな　5．らしい
　　　6．だろう

問2	1．落ちそうです　2．寒そう　3．いるそうだ　4．出そうだ
	5．変わったそうだ
練習2	1．吐きそうだ　2．つぶれそうな　3．おいしそう　4．できそうに
	5．買えそうだ
問3	1．いるみたいだ　2．言いそうだ
練習3	1．留守のようだ　2．勝ちそうだ　3．いそうだ
	4．起こっているようです　5．好きそう

5．意志

p.25　(1) 動詞の辞書形・マス形による意志

問1	3
練習1	1、5

p.25　(2)「う・よう」と「つもりだ」

問2	1．入るつもりだ　2．生きよう　3．あきらめようと思った
	4．出よう
練習2	1．任せるつもりです　2．なろうと思った　3．示そう
	4．片付けてしまおう　5．行こうと思う
問3	1．して　2．思う　3．した
練習3	1．a　2．b　3．a　4．b
問4	1．買うつもりはない　2．しないつもり
練習4	1．かけないつもりだ　2．行くつもりはない

6．義務・必要

p.28　(1)「べきだ」

問1	1．解決するべきだ、解決すべきだ　2．誠実であるべきだ
	3．使うべきではない
練習1-1	1．講じるべきだ　2．入れるべきだ　3．話すべき
	4．反省するべきだ、反省すべきだ　5．慎重であるべきだ
	6．読んでおくべき
練習1-2	1．である　2．(例) 席を譲る
	3．(例) 具体的な景気対策案を早急に出す
問2	1．b　2．a

解　答

練習2　1．b　2．a

問3　1．するべきだった　2．しなければならない　3．しなければならない
　　　4．仕上げなければならない　5．走らなければならない

練習3　1．行かなければならない　2．注意するべき（注意すべき）
　　　3．合格しなければならない

問4　1．着いているべきです　2．はずだ

練習4　1．はずだ　2．べきだ　3．べきではない

p.31　(2)「ものではない」と「ことはない」

問5　1．ものではない　2．ことはない

一般的　個別的

練習5　1．ことはない　2．ものではない　3．ことはない　4．ものではない

p.32　(3)「なければならない」「ざるをえない」「ずにはいられない」

問6　1．せ　2．言わ　3．座ら　4．覆わ

練習6　1．言わざるをえない　2．せざるをえない
　　　3．抱きしめずにはいられなかった　4．買わずにはいられなかった

問7　1．しなければならない　2．言わずにはいられなかった

練習7　1．認めざるをえない　2．見ずにはいられなかった
　　　3．しなければならない

7. 可能・不可能

p.34　(1)「ようがない」

問1　1、3、4、5

練習1　1．使いようがない→使うことができない　2．○
　　　3．入りようがない→入ることができない

p.34　(2)「かねる」

問2　1、3

練習2　1．応じ　2．（例）でのお問い合わせにはお答えし
　　　3．（例）返金いたし

p.35　(3)「わけに（は）いかない」

問3　1．わけにはいかない　2．わけがない　3．わけにはいきません

練習3　1．（例）欠席する　2．（例）あげる　3．（例）先に帰る
　　　4．（例）考えない

p.36 (4) その他の可能を表す表現

問4 1．起こりえます　2．ありえません

問5 1．することができない　2．考えうる

> 論文などの硬い

練習5　1．○　2．見うる→見ることができる　3．異なれる→異なりうる

問6　1．見られた→見えた　2．見られますか→見えますか
　　　　3．見られる→見える　4．見えなく→見られなく

練習6　1．見られます　2．見られる　3．見える　4．見られる
　　　　5．見られます　6．見えない

p.39 ## 8. 総合演習

1．(1)a．×　b．○　(2)a．×　b．○　(3)a．○　b．○
2．(1)やめよ　(2)する／す　(3)あろ　(4)言い　(5)あり
3．(1)考えなかった　(2)送った
4．(1)できるはずはない　(2)行かないつもり　(3)ならないはずです
　　(4)わけではない　(5)とはかぎらない　(6)ものではない　(7)の
5．(1)のだろう　(2)ようだ　(3)のではないか　(4)だろうか
　　(5)のだろうか、はず、にちがいない　(6)かもしれない　(7)見られる　(8)見える
　　(9)なければならない　(10)べきだ　(11)しなければならない
　　(12)ずにはいられなかった
6．(1)べき　(2)はず　(3)こと　(4)よう　(5)そう　(6)わけ
7．(1)a．のだろう　b．に違いない　(2)a．だろう　b．行こう
　　(3)a．かねる　b．かねない
　　(4)a．わけにはいかない　b．ありうる　c．のだろう
8．(1)ようがない　(2)①わけではない　②よう
　　(3)①ものではない　②まい　③つもり　(4)とはかぎらない

II　終助詞

p. 44　**ウォームアップ**

A．1．要　2．不要　要　不要
B．1．①③④⑥　2．②③⑤⑥　3．①③　4．①③　5．④⑥

1.　一般的な終助詞の意味と機能

p. 46　(1)「ね」

問1-1　a．不要　b．要　c．要
★a、b、cの違い　知らない　わかっている　わかっている

問1-2　★a、b、cの違い　知らない　知っている　知っている

問1-3　1．不要　2．要　3．要　4．不要　5．不要　6．要

練習1　1．要　要　2．要　3．a．要　b．要　c．不要　d．不要
4．a．不要　b．不要　c．不要　5．要　要

問2　★a、bの違い　知らない

練習2　1．可　2．不可　3．可

p. 48　(2)「よ」

問3-1　1．要　2．要

　　知っている　知らない

問3-2　「よ」があると聞き手を非難する感じになる。

練習3　1．要　2．不要　3．要

問4　★1、2の違い　1．知っている　知っている
2．知っている　知らない

　　聞き手

練習4-1　1．ね　2．よ　3．よ　4．ね　5．よ

練習4-2　1．ね　よ　2．ね　よ

問5　1．よ　2．よね

練習5　1．よね　2．よ　3．よね　4．よね　5．ね

p. 51　(3)「だろ／でしょ」

問6　★a、bの違い　確認する　押しつける

　　　　　　　会話　確認　押しつけ

練習6　1．押しつけ　2．推量　3．確認
問7　　1．男女両方　2．男性
練習7　1．だろ／だろう／ろ／でしょ／でしょう
　　　　2．だろ／だろう／でしょ／でしょう　3．でしょ／でしょう
問8　　すでに知っている

　　　　　　　よね　でしょ

練習8　1．可　2．不可　3．可

p.54　(4)「じゃない」

問9　　a．否定　b．確認　c．反論

　　　　　　　確認　反論／驚き

練習9　1．↓（↑も可）　2．↑　3．↓　4．↑　5．↓　6．↓（↑も可）
問10　　1．男性　2．男女両方
練習10　1．男女両方　2．男性
問11　　1．じゃない／なんじゃない　2．んじゃない　3．んじゃない

　　　　　　　つく

練習11　1．じゃない／なんじゃない　2．んじゃない
問12　　1．じゃないか　2．じゃん　3．じゃない／なんじゃない

　　　　　　　つかない

練習12-1　1．要　2．不要　3．不要　4．要　5．不要
練習12-2　1．いいんじゃない　2．どちらも可　3．いいんじゃない
問13　　1．めずらしくない　2．ではない
練習13　1．いつまでもできない　2．つまらなくない
問14-1　言い切り　やわらげる

　　　　　　　やわらげる

問14-2　異なる　同じである　反論　主張のやわらげ

　　　　　　　つきうる

解　答

練習14　1．のではないか　2．どちらも可　3．のではないか
　　　　4．どちらも可

問15-1　1．でしょ　2．んじゃない　3．でしょ

> 確信しながら　確信がないまま　だろ／でしょ

問15-2　聞き手の忘れていることや気づいていないことを気づかせる

> 忘れていること／気づいていないこと

練習15　1．でしょ　2．でしょ／じゃない　3．んじゃない　4．んだろ
　　　　5．んじゃない　6．でしょ／じゃない　7．だろ

問16　1．どちらも可　2．じゃない

> すでに知っている　その場で気づいた　押しつける

練習16　1．でしょ　2．じゃない　3．でしょ　4．じゃない　5．だろ
　　　　6．じゃない　7．でしょ／じゃない

2. 周辺的な終助詞の意味と機能

p.62　(1)「って」

問1-1　★a、b、cの違い　話し手　直接　直接　間接的

> 引用

問1-2　1．暇だって／なんだって　2．おもしろいって／んだって
　　　　3．住んでいるって／んだって　4．受かったって／んだって
　　　　5．するつもりだって／なんだって

> だって　なんだって　って　んだって

練習1　1．休講なんだって　2．おいしいんだって　3．留学するんだって

p.63　(2)「っけ」

問2-1　知らないこと　記憶にあること

問2-2　1．好きだっけ／好きなんだっけ　2．高いんだっけ
　　　　3．研究生だっけ／なんだっけ　4．参加するんだっけ
　　　　5．来たっけ／来たんだっけ

だっけ　なんだっけ　んだっけ　っけ　んだっけ

練習2　1．だっけ／なんだっけ　2．必要だっけ／必要なんだっけ
3．住んでいるんだっけ　4．忙しいんだっけ
5．出席したっけ／したんだっけ

p.64　(3)「な／なあ」と「わ」

問3-1　男女両方　質問　男女両方　独り言

問3-2　性質や状態を表している

性質や状態　必要

問3-3　男性

練習3　1、2の男性、3、4の男性1、5

問4　1．女性　2．女性　3．女性　4．女性

必要

練習4　1．な（男性）／わ（女性）　2．わ（女性）
3．A：な（男女）／わ（女性）　B：わ（女性）／な（男女）

問5　1．ね　2．ね

練習5　1．ね（「わ」は気取った言い方）　ね（「わ」は気取った言い方）
2．な／ね／わ　な／ね／わ（「な」「わ」は独り言。かつ「わ」は女性。）

p.66　(4)「だ」

問6　1．男性　2．女性　3．どちらも可　4．男性　5．女性
6．どちらも可　7．女性

独り言　置き換えられない

練習6　1．男性　2．どちらも可

p.67　(5) 否定形の同意要求

問7　★a、bの違い　誘い　同意要求　動作　状態／感情

練習7　1．暑い　2．甘すぎる　3．間違ってる　4．行ってみたい

p.68　(6)「か」

問8-1　1．男女両方　2．男性

問8-2　1．男女両方　2．男女両方

男女両方

解 答

練習8 1．男女両方　2．男性　3．男女両方

問9 1．男女両方　2．男女両方

練習9 1．か　2．か　3．の　4．か　5．か
6．の　7．の／の　8．か／なの↗　9．か／なの↗　10．の

問10 ★a、bの違い　質問　自問

練習10 1．入らない　2．入る

---

p.71　**3．総合練習**

1．a．男女両方　b．女性　c．男女両方　d．男性　e．男女両方
2．①な　②よ　③わ（「ね」も可）
3．(1)a．よ　b．よ　c．だろ　d．の　e．よ　f．よ　g．なあ
　　(2)a．っけ　b．の　c．よね　d．かなあ
4．(1)①っけ　②よ　③な　④かな
　　(2)①だろ
　　(3)①でしょ（「じゃない」も可）　②じゃない
5．(1)①か　②わよ　③よね　④ね　⑤ね　⑥の
　　(2)①わね※原文は「わねえ」　②ね　③わよ

---

p.77　**総合演習**

1．
(1)＜問1＞a．わけではない　b．いじめずにはいられない
　　＜問2＞教師
(2)＜問1＞そう
　　＜問2＞a
　　＜問3＞c
　　＜問4＞b
(3)＜問1＞a．でしょう　b．のではないか　c．はず　d．の
　　　　　e．いかなければなりません　＊筆者はこれからの生き方に積極的であろうとしているので「ざるをえない」は入りにくい。
　　＜問2＞b
　　＜問3＞c

＜問４＞①エネルギー　②ゼロ／マイナス　③マイナス／ゼロ　④チャンス
　　　　　　⑤オーナー　⑥ホームレス　⑦ネットワーク
(4)＜問１＞だろうか
　　＜問２＞①はずはない　②はずはない　③はずだ　④はずだった（「はずだ」も可）
　　＜問３＞彼が私を忘れる
　　＜問４＞彼についての批判的な文章
(5)＜問１＞①はず　②かもしれません　③わけではない　④ように
　　＜問２＞のではないか
　　＜問３＞㋐信じている　㋑事実
(6)＜問１＞①らしく（「ようで」も可）　②ような　③そうな（「らしい」も可）
　　　　　　④はずな　⑤はずだ
　　＜問２＞のではないか
　　＜問３＞ア．よ（「ね」も可）　イ．ね
　　＜問４＞ウ．わけがない（「はずがない」も可）
　　＜問５＞久保が犯人の疑いがあり不安なため。
(7)＜問１＞a．ね　b．よ　c．↓（↑も可）　d．↑　e．よね
　　＜問２＞べきです
(8)＜問１＞①ね　②の（「のよ」「わ」も可）　③でしょう（「でしょ」も可）
　　　　　　④って（「よ」も可）　⑤ね